Carlos Cuauhtémoc Sánchez

EN PIE DE GUERRA

DIAMANTE

ISBN 978-607-98307-5-5

Mariano Escobedo No. 62, Col. Centro, Tlalnepantla Estado de México,
C.P. 54000.
Miembro núm. 2778 de la Cámara Nacional de la Industria Editorial Mexicana.
Tels. y fax: (55) 55-65-61-20 y 55-65-03-33
Lada sin costo: 01-800-888-9300 EU a México: (011-5255) 55-65-61-20
y 55-65-03-33 Resto del mundo: (0052-55) 55-65-61-20 y 55-65-03-33
Correo electrónico: informes@esdiamante.com
ventas@esdiamante.com

www.carloscuauhtemoc.com
www.editorialdiamante.com

ÍNDICE

1

METANFETAMINAS

CONOCIDA COMO *SPEED*, LA DROGA QUE ACELERA

Produce energía artificial. Quita el hambre y el sueño.

El ambiente escolar es relajado.

Acaban de pasar los exámenes semestrales, y a nadie le apetece echar a andar la pesada maquinaria de estudios otra vez. Los profesores se muestran perezosos y nosotros hacemos lo posible por causar demoras.

Le pedimos a la maestra de Literatura el tiempo de su clase. Ella accede, y se pone a calificar exámenes en el escritorio.

Dentro de cuatro meses terminaremos nuestro primer año de bachillerato. Queremos organizar una kermés para recaudar fondos y hacer una fiesta de clausura.

El líder del grupo, llamado Jordy y a quien apodamos "el Zorrillo" (porque además de no usar desodorante transpira de forma copiosa), se para al frente. Apenas está comenzando a recibir propuestas cuando escuchamos que alguien llama a la puerta. Todos giramos la cabeza. Es el coordinador escolar, acompañado de un policía.

—Con permiso, profesora. Necesito llevarme a Felipe Meneses.

—Adelante —contesta la maestra poniéndose de pie—. ¿Felipe?

Tardo unos segundos en asimilar que es a mí a quien buscan. Alguien me da un codazo.

Dejo el pupitre y salgo del salón.

—¿Puedes abrirnos tu casillero? —me pregunta el coordinador en cuanto estoy afuera.

—Sí. Por supuesto. ¿Qué buscan?

—Ya veremos. Muéstranos lo que guardas adentro.

Caminamos hasta los anaqueles. Muevo la perilla del candado. Fallo varias veces en poner la clave.

—¿Por qué tiemblas, Felipe?

—No... no sé.

Al fin logro abrir. El policía se adelanta y comienza a sacar cosas. Un suéter, libros, varias plumas.

—Aquí está —al fondo hay una cajita de metal cerrada—. ¿Qué

es esto?

Respondo de inmediato:

—Son sustancias químicas de Pascual. Él las guarda en mi casillero.

—No te creo.

—¿Por qué habría de mentir? Pascual me dijo que no quería dejar esto en el laboratorio. Yo le presto espacio en mi *locker*.

El policía se pone en cuclillas. Desenfunda una navaja con herramientas plegadizas y se inclina para forzar la chapa de la cajita. Observamos la maniobra. Estoy comenzando a ponerme nervioso. Al fin, destraba el seguro y abre la tapa. En el interior hay varias bolsas de plástico envueltas en papel periódico. Descubre los paquetes muy despacio.

—Mira esto. Parecen "tachas".

El coordinador me sujeta del brazo.

—No entiendo.

—Felipe, di la verdad. ¿De dónde sacaste estas pastillas?

—¡Ya se lo dije! Jamás las había visto. Son de Pascual.

—Vamos a las oficinas.

—Suélteme, por favor, no voy a escapar.

Camino con la cara en alto, aparentando una seguridad que no tengo. En mi mente se agolpan varias ideas contradictorias.

¿Pascual consume drogas? ¡No puede ser! Él es un empleado de la escuela. Ayuda a los profesores de Química. Limpia el instrumental del laboratorio, lleva el inventario de las sustancias que se usan, y custodia las calificaciones. Por eso algunos estudiantes tratamos de congeniar con él. Se rumora que Pascual hace favores. Modifica los puntos en las listas de participación y ayuda a que sus amigos obtengan mejores notas. Hasta el momento, a mí no me ha hecho ningún favor, pero mantengo abierta la puerta por si se ofrece.

Llegamos a las oficinas administrativas. Hay policías en la entrada. Caminamos hasta la dirección.

Las personas en el interior tienen la cara fruncida. De inmediato percibo un ambiente tenso.

Todas las sillas están ocupadas: hay cuatro adultos, Pascual y una alumna de primero.

—Aquí está —dice el coordinador empujándome ligeramente por la espalda, como quien entrega a un criminal—. Felipe tenía la droga en su casillero.

—¡Hey! —me defiendo de inmediato—. ¡Un momento! Esas pastillas no son mías. ¡Ya se lo expliqué! —señalo a Pascual—, ¡la caja es de él! La guarda en mi *locker*. Yo se lo permito porque me lo pidió como un favor. Incluso le di la combinación de mi candado.

Pascual levanta una ceja como desafiándome y dice:

—No es cierto.

Lo veo y me parece difícil de creer. ¿Por qué lo niega?

Pascual siempre me ha parecido un joven decente. Truncó sus estudios de medicina y está esperando el inicio de un nuevo ciclo escolar para volver a empezar otra carrera. Todavía no sabe cuál. Según nos ha dicho, trabaja en esa escuela como ayudante de laboratorio porque no tiene nada mejor que hacer mientras llega el periodo de inscripciones en la Universidad.

—A ver esa caja —el rector la toma; después de ojearla se la pasa a una mujer gorda, con bata blanca de la Secretaría de Salud—. ¿Qué contiene?

Ella se agacha. Después de un rato, dictamina:

—Droga sintética.

—¿Éxtasis?

—Quizá.

Uno de los hombres comenta:

—Cuando encontré estas pastillas en la mochila de mi hija, ella me comentó que eran *speed*. ¿Verdad, Susana?

La chica de primero parece muy abochornada; habla con voz aguda y casi inaudible:

—Sí. Pascual me las vendió. Les llama *speed king*. Yo las probé porque unas amigas me animaron. Dicen que se sienten "prendidas" cuando las toman.

La mujer de bata blanca coincide:

—Efectivamente. Podría tratarse de esa droga.

—¿Cuál? —pregunta el coordinador.

—*Speed, speed king, arranque, hielo, chalk, meth, meta, tiza* o *vidrio*; son nombres que se les dan a las metanfetaminas. Algunos las usan de forma ilegal para adelgazar o mantenerse despiertos toda la noche. Aunque elevan los niveles de atención, también provocan ataques de pánico, ansiedad y nerviosismo. Son peligrosas.

—¿Qué tan peligrosas? —pregunta el papá de Susana—. ¡Mi hija estuvo tomándolas! Necesito saber más.

La doctora asiente y explica:

—Las anfetaminas y metanfetaminas tuvieron aplicaciones médicas hace años. Hoy son recetadas ante enfermedades muy específicas y bajo estricto control médico. Los kamikazes japoneses las usaban en la guerra para darse valor. Se consiguen en comprimidos o en polvo que se inyecta, fuma o toma. La droga roba al cuerpo la energía que tiene en reserva, acelera las funciones produciendo sensación de fuerza y autoestima; genera ideas rápidas y facilidad de palabra; quita el hambre y el sueño, somete a un sobreesfuerzo al corazón, y cuando su efecto pasa, el organismo, que ha sido exprimido de forma abusiva, cae en agotamiento extremo; la persona se siente triste, desconfiada y deseosa de tomar más droga. En muchos aspectos, incluyendo la adicción psicológica que produce, la metanfetamina se parece a la cocaína, sólo que es más barata. Estas grajeas —toma una y la revisa—, provienen de laboratorios clandestinos. Podrían contener clorhidrato de metanfetamina o metil-anfetamina. No podremos saberlo hasta realizar pruebas de laboratorio. Tienen un efecto neurotóxico que daña células cerebrales. A la larga ocasionan síntomas parecidos a la enfermedad de Parkinson.

El padre de Susana parece muy irritado. Grita:

—¿Cómo pudiste darle esto a mi hija, maldito?

Pascual no le contesta.

—Cálmese —sugiere el director.

—¡No se atreva a decirme que me calme! ¡Uno de sus empleados vendió droga a los alumnos! ¿Se da cuenta del problema en que está metido? ¡Si usted no me apoya, voy a hacer un escándalo y clausurarán su escuela!

—Entiendo —dice el director, carraspeando—, nosotros estamos tan indignados como usted.

Hay un momento de silencio. El padre de Susana respira y vuelve a preguntar a la doctora:

—A mi hija le ofrecieron estas cosas como medicamentos. ¡Eso parecen! Antes, a todas las medicinas les llamaban *drogas*. ¿Cuál es la diferencia entre unas y otras, ahora?

La voluminosa mujer con bata blanca se cruza de piernas con dificultad y contesta:

—En el contexto moderno, las drogas son sustancias que actúan sobre el sistema nervioso central, alterando las sensaciones y modificando el comportamiento de la persona. Así, para que algo se considere droga debe afectar la química del cerebro, deprimiéndolo, estimulándolo o confundiéndolo, además de producir distintos grados de tolerancia y adicción —todos observamos a la señora; como nadie se atreve a decir nada, ella sigue explicando—: La tolerancia es cuando el cuerpo se adapta a la sustancia y cada vez necesita mayor cantidad para sentir los efectos de antes. La adicción o dependencia es una necesidad imperiosa de consumir la droga. Puede ser sólo psicológica, al momento en que la persona cree que no es capaz de vivir sin ella, pero también física; cuando el organismo la necesita para funcionar bien. Si un adicto se propone abandonar su vicio sufre algo que se llama *síndrome de abstinencia*. Es como una fuerte enfermedad física y mental. Ve alucinaciones, tiene dolores insoportables y se siente a punto de morir.

El padre de Susana se limpia el sudor de la frente. Luego pregunta con legítima preocupación.

—A ver. Mi hija estuvo tomando esta porquería —señala—. ¿Significa que se ha vuelto adicta?

—Espero que no, señor —contesta la doctora—, sólo algunas drogas como la heroína o el *crack* crean adicción casi de inmediato. En cuanto a las otras, por lo regular se necesita consumirlas con regularidad para llegar a eso. Su hija necesita ser evaluada, después de que sepamos con exactitud qué tomó. Quizá requiera una leve terapia.

—¡No sólo mi hija deberá ser evaluada! —explota el hombre dando un fuerte manotazo sobre el escritorio—. ¡También, todos los demás alumnos que le compraron pastillas a este imbécil!

Tiene razón. El director avanza hasta Pascual y le pregunta:

—¿Cuánta droga vendiste y a quién?

El ayudante del laboratorio levanta la cara y me acusa con total desparpajo:

—Las pastillas de *speed* no son mías. Son de Felipe.

Todos voltean a verme.

2
ENEMIGO AL ACECHO

Consumir droga es como darle alojamiento
a un asesino en nuestra casa.
Aunque duerma, en la noche
despertará...

Miro alrededor, sorprendido de encontrarme en ese improvisado juicio en el que todo apunta hacia mi culpabilidad.

—¿Cuántos años tienes, Felipe?

—Dieciséis.

—Todavía eres menor de edad, pero eso no te va a eximir de algunas sanciones penales.

Intento defenderme, dirigiéndome al ayudante del laboratorio:

—Tú dijiste que eras mi amigo, Pascual. ¿Por qué me haces esto? Tarde o temprano va a saberse la verdad.

—Yo no soy amigo de gente como tú, Felipe; encontraron las pastillas en tu casillero —gira la cabeza y levanta las manos como para demostrar inocencia—. A mí no me pueden hacer nada. Estoy limpio —se dirige al policía—. Felipe trajo esas cosas a la escuela. Me las ofreció. ¡Yo también caí en la trampa! Creí que eran medicinas legales. Eso me dijo.

—¡Está mintiendo! —rebato.

—Es tu palabra contra la mía.

Mi respiración se hace más agitada. Sé que cuando investiguen, quedará demostrada mi inocencia, pero mientras tanto, tal vez sea suspendido de la escuela y la policía me detenga. Necesito ayuda. Sólo si consigo testigos...

—¡Jennifer! —exclamo—. Díganle que venga. Por favor.

—¿A quién? —pregunta el director.

—A Jennifer González. Estudia en mi salón. Pascual la invitó a salir varias veces. ¡Jennifer nos conoce muy bien a los dos! Háblenle. Ella dirá la verdad.

El director mueve la cabeza de forma afirmativa y le pide al coordinador que vaya por la chica. Después le pregunta a Pascual:

—¿Invitaste a salir a una alumna? ¡Sabes que eso está prohibido!

Pascual titubea y se contradice:

—Ella es una amiga. No somos nada. Nunca salimos. Sólo a veces.

Por primera vez parece que ha perdido la calma. Se agacha para pensar.

Jennifer llega con pasos tímidos, escoltada por el coordinador. Se asusta al ver tanta gente reunida en la oficina.

El director le pregunta:

—¿Pascual ha tratado de venderte pastillas como ésta? —le muestra la cajita.

Jennifer se queda quieta como el personaje de una película en pausa. Luego exhala:

—No.

—¿Estás segura?

—Me las regala.

—¿Cómo?

—A todos se las vende, pero a mí no. Me las recomendó para que pueda bailar mejor. Pertenezco a un grupo de *jazz*. Ensayo por las tardes. Él me lleva en su coche... Sólo dos veces tomé sus pastillas. Esos días, pude bailar como nunca. Tuve mucha energía, pero después pasé las noches enteras sin dormir. Jamás volví a tomarlas.

—¿Dijiste que Pascual las vende? ¿A quién?

Jennifer titubea, prefiere salirse por la tangente.

—Eso se rumora... A mí no me consta.

—¿Pero las trae a la escuela?

Mueve la cabeza.

—No lo sé.

—Suponemos que los comprimidos son de *speed king* —declara el policía—, y la caja, que contiene más de un kilogramo, fue encontrada en el casillero de Felipe. Tendremos que arrestarlo a él.

—¡Jennifer! —le digo con voz suplicante—, no te quedes callada. ¡Pascual está diciendo que la droga es mía!

Mi compañera observa el cuadro con detalle. Es fácil adivinar el temor en su rostro. A pesar de ello, se controla.

—Está bien —entrecierra los ojos—. Voy a decir la verdad —agacha la cara—. Pascual toma esas pastillas y otras. Dice que se "activa" con ellas. Un día se puso muy agresivo. Por eso ya no quise volver a salir con él. Trae las pastillas a la escuela y las guarda en el casillero de Felipe —hay un breve silencio cargado de expectación—. Yo lo he visto...

Lo que ella acaba de decir nos ha dejado mudos.

Se necesita mucho valor para hacer lo que hizo.

—¡Jennifer, maldita! —dice Pascual por lo bajo—. Te vas a arrepentir.

El jefe de la policía toma esas palabras como una confesión. Se acerca a Pascual y lo esposa por las muñecas.

—Tienes derecho a permanecer en silencio y a llamar a un abogado.

Salen del despacho.

Cuando las autoridades se han ido con el acusado, nadie atina a decir algo.

Al fin, el padre de Susana emite con voz amenazante:

—Esto no se acaba aquí. ¡Ya detuvieron al vendedor de droga, pero la escuela también tiene culpabilidad! Voy a llevar a mi hija a revisión y hablaré con los padres de sus amigas. ¡Usted, director, es responsable por todas las secuelas que tengan esas niñas!

El rector ha perdido el color natural de sus mejillas.

—Espere, señor —dice la doctora de la Secretaría de Salud—. Antes de que haga un escándalo, debe pensar bien las cosas. La droga está por todos lados hoy en día. ¡No se imagina la cantidad de casos que veo a diario! Sin ir más lejos, ayer llegó al Centro de ayuda una jovencita adicta a la cocaína. Hace algunos meses salió con su novio, tomó mucho alcohol y se embriagó. Entonces, el novio consideró que no era prudente regresar a la joven a su casa en ese estado y decidió cortarle la borrachera con una "rayita" de cocaína. Es el remedio más usual. La chica sintió una dosis de bienestar y autoestima fuera de lo común. A partir de ese día aceptó la oferta de una amiga, a quien antes había rechazado, y comenzó a esnifar cocaína. Todo le fue mejor por un tiempo. Elevó sus calificaciones, su aspecto físico, su estado emocional, su seguridad y su fuerza de carácter. Se llenó de un poder artificial. Hoy, su adicción la ha llevado a realizar los actos más inmorales. Está arruinada. La droga brinda beneficios inmediatos, pero usarla es como darle alojamiento en nuestra casa a un asesino. Aunque duerma un rato, en la noche despertará para matarnos.

El padre de Susana mueve la cabeza sin comprender.

—¿De qué rayos habla?

—¡De que no le servirá de nada tratar de perjudicar al colegio de su hija! La droga seguirá danzando alrededor. Mejor adviértale. Enséñele. Dele armas. Aborde el tema con ella abiertamente. Yo he trabajado en varios lugares. He tenido compañeros, profesionistas, que toman por las mañanas licuados de frutas con peyote. También conozco señoras de sociedad aficionadas a la marihuana, y esposos que la fuman en pareja. Hay artistas, políticos y profesionistas que usan drogas. Es de lo más común. Su hija seguirá acechada por ese peligro toda la vida y tarde o temprano caerá, si no tiene convicciones claras.

El hombre no parece disuadido. Se ve dispuesto a seguir rebatiendo. Aprovecho la leve pausa para preguntar:

—¿Nosotros podemos irnos?

—Sí —dice el rector—. Gracias, Jennifer y Felipe; regresen a su salón.

Salimos de las oficinas.

Cuando vamos subiendo las escaleras, le digo a mi compañera:

—Me salvaste.

Jennifer parece preocupada. Sonríe sin responder. Llegamos al aula. Todos nuestros amigos quieren enterarse de lo que pasó. Ella prefiere no dar explicaciones. Yo la apoyo. Ambos sentimos cierta complicidad por haber acusado a Pascual y tenemos miedo de una posible represalia.

Al salir de la escuela, ella me dice:

—El próximo viernes, nuestros compañeros irán a bailar. ¿Por qué no vamos, tú y yo, como pareja?

Carraspeo. Después de lo que ha pasado, la oferta suena un poco descabellada.

—Sería interesante...

Jennifer es la muchacha más hermosa de la preparatoria, y ahora está libre. Pascual se ha ido para siempre.

—De acuerdo —contesto—. Yo me encargo de pedir permiso...

—Gracias. Te espero.

Se acerca para darme un beso muy cerca del labio. Me quedo vibrando por la emoción y el asombro.

El viernes siguiente, Jordy, el Zorrillo, pasa por mí en el Beatle color blanco de su madre. Subo al asiento del copiloto y lo saludo con gran alegría. Me dice:

—Vamos a la casa de Modesta y después a la de Jennifer.

—¡Modesta! —contesto, asombrado—. ¿La compañera nueva que hace honor a su nombre? ¿Ella será tu pareja, hoy?

—Sí.

No digo nada más, para evitar ofender a Jordy. Modesta es una joven gris, tímida y poco inteligente. Yo no saldría con ella ni aunque me obligaran.

Pasamos por las dos. Modesta lleva un grotesco vestido de lentejuelas y se ha levantado el cabello como sólo lo hubiera hecho mi abuelita. Jennifer, alegre y hermosa, aunque viene vestida de forma sencilla, me dice, al subir al auto:

—Traigo otra ropa en esta maleta; luego me cambio. Te voy a sorprender.

—Qué bien... —sonrío.

De inmediato, percibo que Modesta siente envidia de Jennifer. Es lógico. Ambas, en el asiento trasero del coche, tratan de platicar, pero no existe la menor química entre seres tan dispares.

Llegamos al lugar. Caminamos rumbo a la puerta. El Zorrillo, quien ha comenzado a sudar y a oler mal, me dice en secreto:

—¿No tienes miedo?

—¿Por qué?

—Supe que Pascual estuvo detenido dos días, pero salió libre bajo fianza hoy. Tal vez ande por aquí...

Trago saliva y mis músculos se tensan.

En ese instante Jennifer me abraza por la espalda. Giro, toco su esbelta cintura y siento un escalofrío. Ella se acurruca en mí. La abrazo con más confianza. Es una sensación indescriptible. Mis sueños secretos se están haciendo realidad.

—No, Jordy —contesto, convencido—, no tengo miedo.

3
POPPERS

EL “ORO” DE LAS *SEX SHOPS*

Líquido amarillo
que se inhala.
Produce excitación
sexual y euforia.

Frente a la puerta, muchos jóvenes se apretujan. Algunos están molestos porque llevan más de media hora ahí, y aún no los dejan entrar.

Nos acercamos.

El portero señala con el dedo a quienes, a su parecer, pueden pasar al centro nocturno.

Jennifer se aparta de mí, y levanta la mano.

—¡Hola! —grita.

—¡Jennifer, preciosa! —dice el portero—, ¡adelante!

Avanzo con ella. El Zorrillo y Modesta nos siguen.

En el interior, varios chicos bailan entre las mesas; otros, apartados, se besan; el resto habla a gritos, tratando de leer los labios de sus amigos porque el volumen de la música no les permite escuchar lo que dicen.

Un mesero me pregunta:

—¿Quieren subir a la zona VIP? —guiña el ojo—. A cambio de una módica propina.

—No, gracias —contesto.

—Entonces vengan para acá —nos conduce a una de las mesas más lejanas—. ¿Algo de tomar?

—Sí.

Jordy, el Zorrillo, se acerca al mesero, abre su cartera y le da un billete. Luego habla con él al oído.

A los pocos minutos llegan otros compañeros del salón. Los hombres nos saludamos chocando las palmas y los puños; las mujeres se abrazan eufóricamente y se besan en las mejillas una y otra vez, como si no se hubieran visto en años. Cuchichean, ríen para después disculparse con ademanes coquetos e ir al baño.

—¿Qué tal esas rolas? —pregunta uno de los recién llegados.

—Suenan bien —respondo fingiéndome experto.

El mesero regresa con los vasos de refresco. Tomo uno. Al probarlo me doy cuenta, de inmediato, de que contiene alcohol. Miro al Zorrillo.

Él hizo los arreglos, para que, aunque estemos en una fiesta vespertina, nos sirvan bebidas "alivianadas".

No hablamos más.

Después de un largo rato, las mujeres aparecen con maquillaje extravagante. Además tienen la piel llena de lucecitas de colores como si se hubiesen untado crema con diamantina. Incluso Modesta ha sido pintada por sus amigas. Sigue viéndose ridícula. No tiene remedio. Volteo para todos lados.

—¿Dónde está Jennifer? —pregunto.

—Ya verás —me dice una de ellas—, no la vas a reconocer.

Sigo buscando. De pronto, escucho exclamaciones. Detrás de mí hay una joven mayor de edad, sumamente sexy. Me sobresalto.

—¿Jennifer?

—¿Qué te parece?

—E... este...

El maquillaje la ha transformado. Además de haberse puesto ropa oscura muy escotada, trae una peluca negra de cabello lacio.

—¿Dónde conseguiste ese vestido tan pegado... y esa peluca?

—Qué importa. Vamos a bailar. ¿Nos acompañan, amigos?

Nuestros compañeros se unen a nosotros.

Después de un rato, Jennifer me dice que está sedienta. La tomo de la mano y voy con ella a la mesa.

—¿Tu bebida tiene alcohol? —le pregunto.

—Poquito. Está deliciosa. Jordy siempre consigue que nos atiendan bien.

—¿Por qué te arreglaste así?

—Es la moda —se acerca a mi oído y susurra—, te voy a confiar un secreto.

—¿Sí?

Su vestido negro tiene botones al frente. Se abre uno de ellos a la altura de la cintura. Parpadeo con nerviosismo.

—Mira.

Me muestra su abdomen. Una aguja le atraviesa la piel junto al ombligo. El metal tiene una bola plateada.

—¿Qué te hiciste? —pregunto.

—Un *piercing*. ¿Te gusta?

Me encojo de hombros.

—Vamos a seguir bailando.

No sé si se le olvida abrocharse el botón central de su vestido o lo deja abierto para lucir su pendiente y obligarme a mirarla de vez en vez. Ahora ya no hacemos caso a nuestros amigos. Nos apartamos para bailar en pareja. Yo estoy un poco nervioso. Casi no puedo concentrarme y tropiezo con frecuencia.

Sus amigas la llaman. Se separa de mí y va con ellas al baño otra vez.

Me siento como una marioneta a merced de Jennifer, moviéndome detrás de ella, bailando cuando me lo pide y siguiéndola a todos lados.

Entro al baño de los hombres. Encuentro en el mingitorio al Zorrillo.

—¿Cómo vas, Felipe? —pregunta.

—Bien.

—Ya vimos que Jennifer está bailando muy sensual. También se desabotonó el vestido. ¿Qué le diste?

—Nada.

—Hay drogas muy buenas para "prender" a las chavas. ¿Usaste una con ella?

—Ya deja de molestarme, Jordy. No sé nada de drogas.

—Pascual te dio lecciones, ¿no?

—¡No! Yo ni siquiera sabía lo que guardaba en mi casillero.

—Está bien. No te enojes —nos lavamos las manos y seguimos charlando, mirándonos en el espejo—, pero estaba hablando en serio —continúa—, con eso que pasó en la escuela me puse a leer revistas. Tú sabes, para estar bien informado. Leí que hay líquidos químicos llamados *nitritos de alquilo*, que son volátiles y deprimen el cerebro. Sus vapores se respiran directamente de la botellita y producen sensualidad.

—¿Tú los has visto?

—Sólo en fotografías. Les dicen *poppers*. Son amarillos; a veces se venden en tiendas de sexo; tienen olor dulce y frutal. Cuando respiras sus vapores te pones alegre y te excitas sexualmente; por desgracia también produce taquicardia, dolor de cabeza, vómitos y a veces desmayos. Los efectos duran poco y después de un rato te sientes muy cansado y deprimido. Los *poppers* ocasionan adicción física. O sea que quienes los usan se vuelven como locos si se los quitan.

—¿Y el *popper* —pregunto en tono intelectual mientras vamos caminando—, también se puede beber?

—No —responde Jordy—. Es un ácido. Si toca la piel, produce quemaduras, pero beberlo es mortal. Al *popper* le dicen "oro líquido", porque es amarillo, pero hay otra droga a la que llaman "éxtasis líquido". Si respiras sus vapores no pasa nada, porque el "éxtasis líquido" se bebe, pero si te confundes y bebes "oro líquido", puede ser el último "viaje" de tu vida.

—¡Vaya, Jordy! Sí que te has puesto a leer.

Terminamos de lavarnos las manos. Salimos al pasillo y vemos que en la puerta está Modesta. Sigo sin comprender por qué el Zorrillo la invitó al centro nocturno. ¡Ni siquiera le hace caso! Tampoco ella se ve feliz con él. Es una joven seria y desconfiada. Acaba de entrar a la escuela hace poco. Falta a clases con frecuencia y siempre está apartada; es tan modesta que no pudieron ponerle un nombre mejor.

—¿Dijiste que los *poppers* se inhalan, Jordy? —pregunto cuando vamos caminando—. ¿Igual que la cocaína?

—¡No, bruto! La coca se esnifa.

—Esnif...

—Exacto. Al sorber aire hacemos este ruido: *snif*. Por eso se dice que algunas drogas en forma de polvo se esnifan.

—Oh...

Vuelvo a encontrarme con Jennifer. Me siento junto a ella; continuamos bebiendo refresco "alivianado" y charlando. Luego nos paramos a bailar con gran entusiasmo al ritmo de la canción *Pásame la botella*. Poco a poco me acostumbro a su nuevo aspecto. Ella se muestra muy simpática y natural. Conforme avanza la tarde sus movimientos en el baile se hacen más sensuales aún.

Yo no puedo dejar de pensar en lo que me dijo Jordy el Zorrillo, así que cuando Jennifer va al baño de nuevo, aprovecho la oportunidad y reviso su bolso en busca de botellitas con líquido amarillo. No encuentro nada. Sólo ropa y maquillaje.

Modesta está observándome con desconfianza. Cierro la bolsa de Jennifer y miro hacia la pista, tamborileando con los dedos en la mesa.

Jennifer regresa. Tiene mojada la cara y algunas de las líneas negras de sus ojos se le han corrido. Me pongo de pie para recibirla.

—¿Te sientes bien?

—No sé por qué —me dice—, pero mi boca está muy seca y estoy sudando mucho.

Se abre otros dos botones, dejando a la vista su ropa interior.

—¿Qué haces?

—Está oscuro. Nadie se anda fijando. Tú tampoco me mires.

Va de vuelta a las sillas.

Antes de sentarse, agacha la cabeza y se quita el pendiente que le perfora la piel junto al ombligo.

—Te regalo esto. Así te acordarás de mí.

Tomo el alfiler con la bola de metal y me lo echo a la bolsa.

—Gracias.

Entonces, sin ningún otro aviso, me abraza y me besa.

4

GHB

LA DROGA DEL BAILE ERÓTICO

Líquido insípido que se pone en los refrescos;
emborracha a la persona,
la hace sentirse sensual y alegre.

El beso de Jennifer es tan repentino que me quedo paralizado. Siempre soñé con eso, pero algo no está bien. ¿Quién es la chica que está sobre mí, besándome como si fuéramos novios desde hace meses?

Siento una extraña combinación de emociones: enamoramiento, alegría, excitación y miedo.

Respondo con torpeza a sus caricias. Se aparta y dice:

—Me gustas mucho, Felipe. Estoy loca por ti.

—Relájate —respondo—. Quítate esa peluca y abotónate el vestido. Vuelve a ser tú misma.

—¡Déjame! —grita histérica—. ¡No me toques! Tengo calor. Creo que voy a desmayarme. Quiero vomitar.

Da un salto y abriéndose paso entre la gente se dirige al sanitario. Voy detrás de ella; antes de entrar, voltea a verme y regresa para agarrarse de mi playera.

—¡No puedo respirar, Felipe! El corazón me late muy fuerte. ¡Por favor, ayúdame!...

—¡Auxilio! —grito.

Mi exclamación se pierde en el sonido de la música.

—¡Jennifer! —le digo—, ¿qué te pasa?

El Zorrillo y Modesta llegan corriendo.

—¡Traigan a alguien! —ordeno—, es urgente.

Modesta se va a toda prisa. Regresa con el portero. Detrás, llegan los demás compañeros.

—Tenemos que sacarla de aquí...

—¡Necesita aire!

—¡Consigan un médico!

—¿Por qué tiene el vestido abierto?

Una de sus amigas le abotona la ropa mientras el portero nos lleva hasta afuera.

Jordy me presta su celular. Marco el teléfono de mi tía Beky. Le digo, casi a gritos, que debe venir de inmediato al centro nocturno. No le explico más y cuelgo.

En el pasillo de la plaza comercial, queda poca gente.

—¡Mi cabeza! —se queja Jennifer con voz pastosa—, no aguanto el dolor —respira con dificultad, sus mandíbulas tiemblan. Parece hirviendo en fiebre—. ¿Qué me pasa, Felipe?

Sus ojos se abren enormemente y me miran con angustia. Nuestros amigos no saben qué hacer.

Me paro y corro.

—¿A dónde vas? —grita alguien—. No huyas.

Bajo las escaleras a toda velocidad. En la calle, busco a un policía. Paso más de diez minutos esperando. El tiempo parece eterno. Al fin llega una ambulancia. Guío a los asistentes de emergencia.

Jennifer ha comenzado a convulsionarse.

Los paramédicos se mueven discretamente pero con seguridad. Uno revisa los signos vitales de mi compañera mientras otro le coloca una mascarilla de oxígeno. Pregunta:

—¿Saben si tomó alguna droga?

Todos voltean a verme.

—¡No! —respondo de inmediato—. Quizá antes de venir aquí comió algo que le hizo daño.

—¡Jennifer! —grita una de sus amigas—. Despierta. ¡Contesta!

—Jóvenes, por favor retírense, déjennos trabajar.

En ese instante llega corriendo mi tía Beky, con su hija, Itzel.

—¿Qué ocurrió? ¡Dios mío!

—¡No responde! —dice uno de los paramédicos—, ¡tenemos que trasladarla de inmediato!

La suben a una camilla para llevarla a toda prisa hacia la ambulancia. Su peluca negra se queda tirada en el piso.

—¿Qué está pasando? —pregunta mi prima Itzel, al levantar los cabellos artificiales.

Nadie le contesta. Caminamos detrás de la camilla. Cuando

estamos en la calle, vemos llegar a mis papás. De seguro, mi tía les llamó. Parecen aterrados. Comienzan a hacerme preguntas. Yo no puedo hablar.

En mi mente se agolpan los recuerdos de esa semana. Un día antes, llamé a mi tía Beky por teléfono para pedirle autorización de invitar a Jennifer a una fiesta en el centro nocturno de la plaza comercial. Mi tía, además de ser la fundadora y administradora del orfanato, se considera la mamá de todas las niñas huérfanas de esa casa. Y Jennifer es una de ellas.

Mi tía se asombró un poco, porque, según me dijo, Jennifer estaba saliendo con un joven mayor, quien la llevaba en un coche deportivo a sus clases de *jazz*.

Le dije que el tipo se llama Pascual, que él trabajaba en la escuela como ayudante, pero ya había renunciado y Jennifer había cortado toda relación con él. Solo así me dio permiso de salir con Jennifer.

Convencer a mis padres resultó más sencillo. Sólo les expliqué que se trataba de una tardeada y que no iban a dar bebidas alcohólicas. También les comenté que iría con la chica más linda del orfanato. Me dejaron ir. No les platiqué nada de lo que ocurrió en la escuela. Pensaba comentarlo después de la fiesta.

Los perfiles de la gente giran y las imágenes pasan ante mis ojos como una película en cámara lenta. La ambulancia enciende su torreta. El ruido agudo de la sirena resuena en mis oídos. Papá comienza a dar instrucciones:

—Ustedes, jóvenes, regresen a la discoteca, recojan las cosas de Jennifer y váyanse a sus casas. Beky, Itzel, Felipe y Lorena, suban al carro. Vamos a seguir a la ambulancia.

Todos obedecemos. Ya en el auto, mi tía pregunta:

—¿De quién es el vestido que trae Jennifer?

—No sé —respondo—. Fue al baño y salió con él.

—¿Y ese maquillaje y peluca?

—Dijo que es una moda.

—¿Qué otra cosa rara notaste?

—Estaba demasiado alegre.

Mi tía voltea a ver a su hija.

—Itzel —la interroga—, ¿Jennifer se droga?

—Claro que no, mamá. Tú la conoces, ¡es una chava hiperactiva, pero sana! Todo el tiempo organiza coreografías de *jazz*.

Llegamos al pabellón de urgencias y bajamos del auto a toda prisa.

Durante varios minutos nadie nos da ninguna información. Al fin sale un médico, preguntando:

—¿Quiénes son los papás de Jennifer?

Mi tía Beky se adelanta para explicar:

—Ella es huérfana. Yo soy su tutora.

—¿La joven tomó alcohol?

Voltean a verme.

—Sí... —confieso—, pero no mucho.

Mi padre protesta:

—Felipe, tú me dijiste que era una tardeada "de refrescos".

—Sí, papá, pero un amigo le dio propina al mesero y nos dio soda preparada.

—No lo puedo creer.

El médico insiste:

—¿Cuánto alcohol tomó?

—Unos cuatro vasos de refresco de toronja con tequila...

El doctor asiente, luego informa:

—Las cosas están mal, señora. Me apena decirles que la joven sufrió una sobredosis de droga. Le hicimos varios exámenes de identificación, y todo parece indicar que se trata de GHB.

—¡No puede ser! —dice mi tía—, debe haber un error.

—En verdad lo lamento.

Hay un silencio denso. Durante varios minutos nadie puede articular palabra.

—Explíquenos más —dice mi madre.

—¿Qué quiere saber?

—Esa droga que tomó...

—Gamahidroxibutirato. Un líquido sin color ni sabor sintetizado a partir de una sustancia química con la que se limpian circuitos eléctricos. Se ha usado como preanestésico y como estimulante hormonal para aumentar el volumen de los músculos; pero, ahora, es una sustancia prohibida. Algunos le dicen *éxtasis líquido*, aunque no tiene nada que ver con la droga llamada *éxtasis*. También le llaman *líquido X*, *gama* y *gama-O*. Un poco de GHB hace que la persona se sienta eufórica y sin inhibiciones. Por eso, es común el consumo de GHB en fiestas y centros nocturnos. A los homosexuales les encanta, porque dicen que quienes lo toman se vuelven más sensuales. También lo usan las parejas para bailar y moverse con "soltura". Quien toma GHB se olvida de sus preocupaciones. Al día siguiente no siente debilidad o resaca; por el contrario, muchos hablan de una sensación de frescura y hasta mayor energía. El peligro verdadero del GHB consiste en que nunca se sabe cuál es la dosis que se está tomando. En un frasco de los que se venden en la calle puede haber sólo cuatro gramos, que ocasionan mareo, mientras en otro frasco, con la misma cantidad de líquido, podría haber hasta treinta gramos de droga, cantidad suficiente para ocasionar una sobredosis. El GHB tiene efectos impredecibles; varían entre las personas. Cuando se usa con alcohol, puede ser fatal... pero aun, por sí sola, en dosis altas, ocasiona ansiedad, temblores, sudoración, dolor de cabeza, vómitos, espasmos, convulsiones, pérdida de consciencia, paro respiratorio y estado de coma por depresión del sistema nervioso central. Eso es lo que le pasó a Jennifer...

Mis padres tienen los ojos muy abiertos.

—¿Jennifer está en peligro de morir? —pregunta mamá.

—Sí —dice el médico.

—Esto es imposible —comenta mi prima—. Ella no toma drogas.

—Bueno —aclara el doctor—, por los efectos que produce el GHB, es común que los hombres lo pongan en la bebida de las mujeres sin que ellas se den cuenta. Cuando una chica sufre una sobredosis, el principal sospechoso es el muchacho que la invitó a salir.

Siento un leve mareo. Mi tía Beky voltea a verme muy despacio.

—¡Yo ni siquiera sabía que existe eso, tía! —me defiendo—. ¡De verdad! Mis amigos van a bailar todo el tiempo. Yo a veces los acompaño y jamás ha pasado algo así. ¡Esto es absurdo!

El médico nota la angustia en mi rostro.

—¿Tú estabas con Jennifer en la fiesta?

—Sí.

—Pues temo decirte que la policía querrá hablar contigo... En primera instancia supondrán que tú la drogaste.

5

ROHIPNOL

LA DROGA DE LA VIOLACIÓN

Se pone a escondidas en las bebidas
para provocar amnesia
a las personas y abusar de ellas.

—Eso que tomó Jennifer —digo—, yo no lo puse en su bebida.

—Pues alguien lo hizo —contesta el doctor.

—¿Y cómo vamos a saber quién? Además, ¿por qué fue la única afectada? ¡Todos bebimos lo mismo!

—Ella, además de alcohol, tomó GHB en grandes cantidades. Quizá otra persona le dio la droga, pero de igual forma pueden hacerte responsable...

—Ya entendimos —dice papá saliendo en mi defensa—, mi hijo y yo investigaremos qué pasó y daremos la cara. Por lo pronto, doctor, le suplico que atienda bien a Jennifer.

—Así lo haré —se despide—. Con su permiso.

Mi tía Beky comienza a sollozar. Ella es directora de la Junta de Asistencia Privada. Todas las niñas del orfanato están bajo su responsabilidad. Si algo le pasa a Jennifer, muchas cosas van a cambiar.

Mi tía camina en círculos. Mamá la sigue para abrazarla. Papá toma asiento y se tapa la cara con ambas manos.

Me quedo clavado en el suelo. Mi prima me mira con tristeza como indicándome que confía en mí. Después pregunta:

—Felipe, ¿además de tus compañeros no viste si alguien más saludó a Jennifer?

—¡Sí! —me exalto—. El portero. La llamó por su nombre. Le dijo "preciosa". Avanzamos entre la gente para entrar y después él... le miró la espalda... con morbo. Me sentí incómodo.

—¿Y durante la tarde, ese tipo no volvió a buscarla?

—Estuvo en la barra de bebidas. Cuando Jennifer se puso enferma, él nos llevó hasta fuera, pero luego desapareció.

—¡Él la drogó! —dice Itzel—. ¡Tío Owin, tenemos que regresar!

Papá, que había escuchado nuestra conversación, se pone de pie como movido por un resorte.

Mamá permanece en el hospital con mi tía Beky. Papá, Itzel y yo vamos de vuelta al centro nocturno.

Cuando llegamos, nos asombra ver tanta gente en el pasillo. Los muchachos de la tardeada se están yendo, mientras los mayores de edad vienen llegando. Todos parecen alegres y despreocupados, como si nada malo hubiese pasado ahí. Se ha vuelto a formar la aglomeración.

—¡Somos dos! —gritan unos.

—¡Déjanos pasar! —vociferan otros.

—¡Estamos aquí desde hace rato!

Señalo al portero.

—Él es.

Papá quiere acercarse, pero la gente se lo impide. Entonces da la vuelta y va directo al acceso principal. Un guardia lo detiene.

—¡Quiero hablar con el gerente! —dice mi padre.

—¿Qué se le ofrece?

—Hace rato drogaron a una jovencita en este lugar. Se está muriendo. Necesito investigar qué pasó.

El vigilante llama por su radio.

A los pocos minutos sale un sujeto calvo de abdomen abultado.

—¿En qué puedo servirle?

Papá explica todo con voz fuerte. El gerente responde sin inmutarse.

—Aquí no se consumen drogas. Es un sitio sano. Puede pasar a ver. Los jóvenes se divierten cada fin de semana y jamás ocurren cosas como la que usted menciona.

—La niña de la que le hablo —objeta mi padre—, tuvo un infarto cerebral porque aquí alguien le puso GHB a su bebida. El médico nos explicó. Además, sus meseros les dieron tequila a los muchachos.

—Está equivocado, señor. En las tardeadas sólo servimos refrescos. Si la joven tomó droga o alcohol, ella o sus amigos la traían. A veces meten botellas con líquidos. Haga la investigación en otro lado. Pregúntele al joven que venía con ella.

Papá responde de inmediato:

—Mi hijo es quien invitó a esa chica a este lugar; él es testigo de que les dieron bebidas alcohólicas. De seguro, alguno de los vasos también contenía droga. Queremos hablar con el tipo de la puerta. Tenemos motivos para sospechar de él.

—Mis empleados son honorables.

—¿Está seguro?

El gerente le dice al auxiliar que vaya por su compañero.

El portero llega. Mira a Itzel de arriba abajo, como si estuviese coqueteándole. Mi prima lo encara con furia.

—¿Para qué soy bueno?

—¿Conoces a la joven que se puso enferma hace rato? —pregunta el gerente.

—No.

—¡Le hablaste por su nombre! —digo—, en cuanto llegó, la saludaste. Es tu amiga. Nos estuviste mandando bebidas a la mesa y ella acabó drogada. Se está muriendo por tu culpa.

—¿Qué dices, estúpido? ¿Cómo te atreves a acusarme?

—¡Calma! —exige el gerente.

—¡Vea lo que está diciendo este imbécil! Me quiere hacer responsable de algo que él hizo. ¡Tú drogaste a la niña! ¡Y no sólo eso! La manoseaste. Le abriste los botones de su vestido y le quitaste el *piercing* que traía en el ombligo. Lo vi.

—Ella se desabotonó —trato de defenderme—, me dio su alfiler. Yo no hice nada.

—¡Ahora resulta que eres inocente de todo! Pero bien que estuviste besándola y abrazándola como loco. ¿Sí o no?

—Eso fue po... po... —tartamudeo otra vez—, porque se comportaba de forma mu... mu... muy extraña.

—¡Tú querías abusar de ella! Cuando fuiste al baño me pediste *roll and fall*. Te dije que aquí no usábamos drogas, mucho menos *rofy*.

—Estás mi... mintiendo... Yo nu... nunca hablé contigo.

—¡Luego, cuando ella se desmayó, la dejaste tirada en el suelo y quisiste huir!, pero encontraste a los paramédicos y tuviste que regresar. ¡Reconócelo!

El gerente interviene:

—Ahora se ve todo más claro. Lamento lo sucedido, señor, pero le recomiendo que platique con su hijo. Nadie puede darle mejor información que él.

—Llegaré al fondo del asunto —responde papá—, si mi hijo es culpable, lo pagará; pero si no lo es, arremeteré contra usted y su negocio.

El gerente sonríe, vuelve a rascarse el oído para sacarse la cerilla y da la vuelta dejando a mi papá enrojecido de coraje.

El portero truena sus labios mandándole un beso a mi prima. Ella se adelanta como dispuesta a darle una bofetada.

—Infeliz —murmura Itzel—. Te vas a acordar de mí.

—¿Más? Me acuerdo de ti a diario. Mejor no le muevas.

El portero se aleja. Ella se queda trabada. Yo no alcanzo a entender lo que acaba de suceder.

—Hola, Felipe —me estremezco. Es la voz del director de la preparatoria. Está detrás de nosotros. Volteamos—. Tus compañeros me acaban de avisar lo que pasó. ¿Dónde se encuentra Jennifer?

—E... en el hospital, director.

Mi padre lo saluda.

—Estamos muy consternados.

—Sí. Escuché la conversación. Felipe, ¿tú no le pusiste nada a la bebida de Jennifer?

—¡Ya lo he dicho muchas veces! ¡No lo hice!

El director suspira.

—Oí que te acusaron por tratar de conseguir *roll and fall*.

—¿Qué es eso? —pregunta mi prima con timidez.

—Rohipnol. Una medicina muy potente, de la familia de las benzodiacepinas. Se la dan a pacientes moribundos o con dolores muy graves, para sedarlos.

—¿Y también se usa como droga? —pregunta mi padre.

—Sí. En la calle le dicen *rofy, roche, rofenol, roll and fall* y *forget me pill*. El primer efecto del rohipnol es parecido al del alcohol. Tomar una pastilla equivale a beber seis latas de cerveza. Produce ebriedad instantánea, náuseas, mareo desorientación, y sueño. Lo más importante del rohipnol es que en los centros nocturnos y fiestas se ha puesto de moda para drogar a las mujeres. Incluso por causa del rohipnol en algunos países han salido nuevas leyes que penalizan el abuso sexual facilitado por las drogas. Le llaman "la droga del *date rape*" o *cita para violar*. Igual que el GHB se pone en las bebidas, sin que la persona se dé cuenta; también hay presentación líquida; como no tiene sabor, color ni olor, la bebida parece exactamente igual. El rohipnol produce amnesia anterógrada.

—¿Ante... qué? —pregunto a medias.

—Existen dos tipos de amnesia. La retrógrada, cuando la persona olvida todo lo que le sucedió antes de un accidente y la anterógrada, cuando olvida todo lo que sucedió después. Imagina que tomas rohipnol en tu refresco "por accidente". No recordarás nada en absoluto de lo que te ocurra a partir de ese momento, aun cuando permanezcas despierto. La mujer, una vez que toma la droga, comienza a sentirse cansada y borracha. Es común que sea llevada a otro sitio donde uno o varios hombres abusan de ella; luego es vestida de nuevo y dejada, dormida, en una cama. Al despertar no se acuerda de nada. También los varones pueden ser víctimas de abusos y asaltos; aunque sean musculosos, se ponen débiles como bebés cuando consumen esta droga. En altas dosis o mezclado con otras sustancias, el rohipnol puede producir paro respiratorio y coma.

Volteo a ver a mi padre. Está pálido.

Itzel tiene la boca abierta.

Yo no puedo creer lo que sucede.

¿Acaso los jóvenes ya no podremos ir a fiestas o a bailar? Muevo la cabeza. Ésa no sería la solución. Nada va a quitarnos el placer de bailar y convivir. Pero, con esta modalidad de drogas, ¿ahora será necesario pedirle a los meseros que destapen los refrescos enfrente de nosotros, beberlos de inmediato, o cargar con el vaso a todos lados? ¿Y, al volver a la mesa después de bailar, ya no podremos tomar la bebida que quedó sin supervisión?

¡Esto es una locura!

Lo más extraño, después de enterarme de que existen esas sustancias, es el hecho de que se hallen cerca, sean tan comunes y estén afectando mi vida de forma directa.

Papá le da al director los datos del hospital en el que está Jennifer y acuerda encontrarse con él allá. Intercambian sus números telefónicos y nos despedimos.

Camino al estacionamiento, estoy a punto de tropezar varias veces porque tengo la vista nublada por las lágrimas.

6
CANNABIS (THC)

LA DROGA LUPA

Marihuana, hachís y aceite de hachís. Agrandan la personalidad, pero a la larga producen estupidez.

En el automóvil no hablamos. Estamos atónitos. Al fin, papá toma su teléfono celular y marca.

—¿Lorena? ¿Cómo sigue la niña?

Mamá le explica. Por más que me estiro, no logro escuchar nada. Papá asiente varias veces.

—¿Y esas convulsiones son malas?

Silencio.

—Entonces su situación empeoró, pero ahora se encuentra estable. ¡Vaya diagnóstico! ¿Cómo está mi hermana Beky? —pausa larga—, no te separes de ella. Voy a dejar a los muchachos y las alcanzo en el hospital.

Cuelga el teléfono. Maneja con seriedad.

—Queremos ir contigo al sanatorio —digo—. Estoy preocupado por mi amiga.

—Todos lo estamos, Felipe. Pero tú tienes un problema extra. ¡No sé si ya te diste cuenta! Mientras se averigua qué le pasó a esa chica, quiero que estés resguardado, en un lugar seguro.

—Papá —digo con voz temblorosa—, sé que todos sospechan de mí, pero soy inocente. ¡Lo juro!

Desacelera, pone las direccionales, se orilla y sale a la lateral del Periférico. Después entra al estacionamiento de un restaurante que está abierto las veinticuatro horas.

Apaga el motor del auto y voltea a verme.

—Lo que ocurre es demasiado grave. Necesitamos hacer una pausa para pensar. ¿Quieren cenar algo?

Mi prima y yo decimos que sí.

Entramos al restaurante y pedimos una mesa para tres.

El mesero nos conduce a un lugar en el que hay varias personas con cigarrillos en la mano. Mi prima dice, casi con enfado, sin importarle que los fumadores escuchen:

—¡Queremos estar en una zona de "no fumar"!

El mesero nos lleva a otra parte. Admiro la belleza y seguridad de mi prima. Es huérfana de padre y ayuda a su mamá en la organización del orfanato. Habla inglés perfectamente porque estuvo viviendo en el extranjero. Estudia en la Universidad, tiene diecinueve años y la quiero como si fuera mi hermana mayor.

Me siento junto a ella.

—A ver, Felipe —pregunta papá, quien se acomoda frente a nosotros—, ¿me puedes explicar lo que dijo el portero en el centro nocturno?

—¿Qué?

—¿Estuviste besando a Jennifer, le abriste los botones del vestido y le quitaste un adorno que traía en el abdomen?

—Ella decía que tenía mucho calor. Me... e... enseñó su ombligo. Estaba orgullosa del *piercing* que se puso. Luego se lo quitó y me lo dio, como un recuerdo —lo busco en mi bolsa y lo saco para ponerlo sobre la mesa.

—¿Qué más sucedió?

—Jennifer dijo que te... tenía mucho calor y se de... desabotonó. Yo le pedí que no lo hiciera. Estaba sedienta. Cuando fuimos por más refresco, me besó. Yo... si... siempre había querido besarla, pero no a... así.

—¿Por qué tartamudeas, Felipe?

—No... no sé. A veces me pasa.

Papá respira hondo.

—¿Qué quieren de cenar?

—No tengo hambre —responde mi prima.

—Yo tampoco —digo.

—Tomen aunque sea pan y leche.

Asentimos. Llamamos al mesero. Mi prima y yo pedimos un flan para compartir. Papá, un sándwich. El mesero escribe la orden. Durante varios minutos permanecemos callados. Después, me atrevo a preguntar:

—Papá, cuando eras joven estuviste cinco años en la calle viviendo con los vagabundos. ¿Alguna vez probaste la droga?

Coge una servilleta y comienza a doblarla como si quisiera hacer un avioncito de papel.

—Sí —dice al fin—. Fumé marihuana.

—¿De verdad?

—¿Y mi mamá? —pregunta Itzel.

—No. Ella creció en una casa hogar. Lejos de los peligros.

—Bueno —dice mi prima minimizando el hecho—, oí que la marihuana es menos dañina que el tabaco y mucha gente quiere que se legalice.

Papá mueve la cabeza. Nos explica:

—El *cannabis* o planta del cáñamo contiene una droga que se llama THC. Tetrahidrocannabinol. Y se fuma de tres formas: como *marihuana*, que es la mezcla de flores y hojas secas de la planta; como *hachís*, que es el jugo producido al aplastar las hojas y el tallo, y como *aceite de hachís*, que se elabora a partir de la resina disuelta en solvente. El cannabis produce una excitación de los centros nerviosos del cerebro que agranda el carácter de la persona: quien es alegre, siente un gozo enorme, y el melancólico, se deprime en exceso.

—Funciona como una "droga-lupa" —comento.

—Sí. Es una buena forma de decirlo. Aunque en todos los casos ocasiona mareo, mala coordinación, relajación, baja presión sanguínea, pérdida de concentración y somnolencia. Por eso es tan peligroso manejar bajo los efectos de la marihuana. Recuerdo que además se pierde el sentido del tiempo. Cinco minutos parecen una hora o más. También se agudizan la vista y oído, como si se subiera el volumen y la intensidad de la luz. Para fumar marihuana el humo debe retenerse por mayor tiempo, así que un cigarro daña los tejidos pulmonares como si fueran diez de tabaco.

—¿Entonces es más peligrosa de lo que dicen?

—Bueno. La marihuana se fuma combinada con tabaco y produce

el daño de las dos sustancias sumadas.

—¿Y por qué la fumaste?

—En la casa de vagabundos donde viví, había una mujer que nos controlaba. Ella era la jefa de pandillas y pordioseros. Fumaba cigarrillos. A veces marihuana. La casa siempre olía muy extraño. El olor de la marihuana se parece al de una cuerda quemada. Yo me accidenté; sufrí una fractura en la rodilla y como esa vieja no me quería llevar al médico, ella misma me "curó" con menjurjes. Usaba la planta de marihuana para que se me quitara el dolor. Me la untaba y me la daba a comer. Luego me enseñó a fumarla. Lo hice unas tres o cuatro veces.

—Tío, ¿si hubieras seguido haciéndolo tendrías secuelas mentales?

—Claro, Itzel. El THC se queda almacenado en el cuerpo por varias semanas y sus efectos tóxicos se acumulan. A la larga produce daño en la parte del cerebro que maneja la memoria y el razonamiento; el consumidor de *cannabis*, adquiere estupidez, se vuelve torpe para aprender y se convierte en presa del *síndrome amotivacional*; una conducta de apatía, infantilismo, pérdida de interés por los estudios, odio al trabajo, pereza extrema y pocos deseos de superarse. La marihuana es una de las drogas más populares y consumidas entre los jóvenes.

—¿Por qué?

—Porque es difícil decirle *no* a un amigo que te ofrece una chupadita de su cigarro mientras pregunta: "¿Te da asco, o tienes miedo?". La mayoría de los jóvenes que aprenden a fumar tabaco a temprana edad prueban la marihuana alguna vez. También se sabe que después de eso, el salto hacia otras drogas más peligrosas es muy fácil.

El mesero nos interrumpe. Pone sobre la mesa un enorme flan con dos cucharas y el sándwich de mi papá.

Al momento en que acomodamos los platos, Itzel toma el broche de Jennifer que yo había dejado sobre la mesa y lo revisa. Entonces dice con asombro:

—Esta bola de metal tiene una figura grabada. ¿De dónde es?

—No lo sé —contesto.

—¡Me parece tan extraño que Jennifer se haya hecho un *piercing*! —dice mi prima—. Yo estoy cada tarde en el orfanato y ayudo a las niñas con sus tareas. Jennifer es muy extrovertida. Platica todo lo que le pasa. Jamás comentó sobre esto...

—A ver.

Mi papá le pide el alfiler a Itzel para analizarlo.

—El símbolo del broche es como una calavera estilizada. ¿Lo ven? —reflexiona—. ¿Con qué amistades andaría esta chica?

Me trueno los dedos. En casa tenemos la regla de contarnos todo lo que nos pasa y últimamente la he infringido.

—Hay algo que no te he dicho, papá.

Me mira con mucho interés.

—Estoy impaciente por escuchar cosas nuevas, Felipe.

Respiro varias veces seguidas como si estuviese a punto de hacer un ejercicio de apnea bajo el agua. Comienzo:

—Perdóname por no haberte platicado de inmediato, pero el martes pasado hubo un problema muy grande en la escuela. Agarraron a un empleado vendiendo metanfetaminas. Se llama Pascual. Él guardaba su caja de pastillas en mi casillero. Yo lo dejaba porque me dijo que eran sustancias del laboratorio. Cuando encontraron la droga, pensaron que era mía, pero después todo se aclaró, gracias a Jennifer. Ella conocía bien a Pascual. Había salido con él algunas veces.

Papá tarda en razonar la información. Después pregunta:

—¿Estás bromeando?

—No. Todo es cierto. Jennifer les dijo al director y al jefe de la policía que Pascual usaba pastillas de *speed*, y las vendía. Gracias a eso, pudieron arrestarlo.

Papá cierra los ojos unos segundos. Su rostro adquiere un color sonrosado. Arruga la frente y avienta la servilleta. Se pone de pie. Camina, tratando de controlarse. Regresa y dice con furia:

—¡No puedo creerlo, Felipe! Tú eres muy inteligente. ¿Qué rayos te pasó? ¿Cómo pudiste salir con la joven que anduvo con un vendedor de drogas?

—Sí —acepto—, fue un error...

—¿Y con eso crees que compondrás las cosas? ¡Caramba! ¡Ve lo que está pasando!

No contesto. Estoy abrumado, sin capacidad para defenderme.

Papá resopla y se levanta a pedir la cuenta. Luego va a la caja a pagar. Me quedo a solas con mi prima.

—Ese Pascual —pregunta ella—, sigue detenido, ¿verdad?

—No. Me dijeron que salió bajo fianza esta mañana.

Mi padre regresa a la mesa.

Itzel me ordena:

—Díselo a tu papá.

7
DMT

LA DROGA EXPLOSIVA QUE NOS LANZA A OTRO MUNDO

Todo al rededor se derrite,
aparecen duendes
y los objetos cobran vida.
El DMT es la droga psicodélica
más fuerte.

Al día siguiente, muy temprano, suena el timbre del teléfono.

—¿Felipe?

—¿Sí?

—Soy yo, tu prima. ¿Ya estabas despierto?

—Más o menos. De hecho tuve los ojos abiertos casi toda la noche.

—Yo tampoco he dormido nada. ¿Sabes algo de Jennifer?

—No —me asomo al corredor—, mis papás no han llegado del hospital.

—Tampoco mamá. Oye, Felipe, necesito que veas algo. Estuve investigando en Internet.

—¿Quieres que vaya a tu casa?

—Sí.

—Llego en diez minutos.

Cuelgo el teléfono y aunque me visto a toda velocidad, procuro no hacer ruido porque mi hermano Riky sigue dormido.

Salgo a la calle y camino con pasos grandes. La casa de Itzel está a unos cien metros de la mía.

—Hola —le digo a la muchacha que se encuentra barriendo el patio—. ¿Puedes llamar a mi prima?

—Te está esperando. Pasa, Felipe.

Entro. La perrita french poodle de Itzel sale a recibirme contoneando su cuerpo y saltando. La acaricio.

Siempre he dicho que dos personas y su mascota son muy pocos seres vivos para esa casona. Fue construida por mi tío, quien pensó en hacer enormes salones y jardines con el fin de invitar de vez en cuando a los niños del orfanato y convivir con ellos. Cuando él murió en un accidente de avioneta, Itzel y su mamá decidieron quedarse a vivir ahí. Aunque la casa es hermosa, los días en que no hay invitados, parece un museo.

—¡Itzel! —grito—, ¿dónde estás?

—Aquí —contesta—, en el estudio.

Llego junto a ella. Sigue en pijama.

—¡Mira esto! —me dice abriendo un recuadro en su computadora—. Son símbolos que usan algunos vendedores de productos.

—¿Qué significan?

—No sé. Pero observa.

Abre otra página de Internet. Aparecen las fotografías de jóvenes luciendo tatuajes y perforaciones. Algunas imágenes son insólitas.

—Ve la marca en el cuello de esta mujer. Ahora —regresa a la pantalla anterior—, fíjate en este símbolo.

—Es el mismo.

—Sí, Felipe.

Se levanta y va hacia la mesa de trabajo. La lámpara de escritorio ha sido acomodada en diagonal para alumbrar la superficie de cerca. Mi prima enciende la luz y se agacha. Luego me cede el lugar.

—Observa el broche del *piercing* que traía puesto Jennifer.

—¡Otra vez el mismo símbolo! —exclamo.

—¡Sí! Desde hace varias horas he estado buscando su significado. No lo encontré, pero hallé algo que puede servirnos.

Regresa a la computadora. Mueve el *mouse* y abre otra ventana en el monitor.

—Aquí está. Es un fabricante de objetos góticos. También vende plantillas para tatuajes. Le escribí un e-mail preguntándole dónde podía encontrar sus productos. Alguien me contestó en la madrugada. Mira.

Me muestra una hoja impresa.

—Sólo son tres direcciones.

—¡Sí, Felipe! Dos en otras ciudades y una en la Plaza de Arte, ¡a dos cuadras del centro nocturno! ¡Ahí se puso Jennifer el *piercing*!

—¿Y eso qué? Se lo pudo poner en cualquier otro lado.

—De acuerdo, pero sería bueno visitar el local. Quizá encontremos alguna pista de la gente con la que andaba.

—No te compliques la vida, Itzel.

—Mira, primo, estás metido en un lío y más vale que te muevas. No sabemos nada de nada. Ni siquiera tenemos idea de las drogas que existen. Busqué en Internet algo sobre GHB y rohipnol y encontré miles de páginas relacionadas con drogas. Imprimí todo esto. Revísalo.

Encima de su impresora hay varias hojas desacomodadas. Apenas voy a tomarlas, cuando se me adelanta. Continúa hablando.

—Ayer dijiste que Jennifer parecía que estaba teniendo alucinaciones. ¿Qué tal si combinó DMT, o LSD o ketamina? ¡Ve esto! Déjame mostrarte un ejemplo.

Busca entre la información impresa con avidez. La observo boquiabierto. Comienza a leer.

—El DMT o dimetiltriptamina es una sustancia neurotransmisora muy fina que se encuentra de forma natural en el sistema nervioso del cuerpo humano, pero que al introducirla artificialmente al cerebro, provoca cortocircuitos. Le dicen *el explosivo mental*, porque quien la toma se siente como lanzado por un cañón. La persona ve que todo alrededor comienza a derretirse. Escucha un ruido como la rotura de un cristal y es transportada a un universo desconocido, lleno de formas imposibles. Cuando se entra a ese sitio, la primera sensación es la de estar debajo de la tierra con un enorme peso encima, dentro de una cápsula grande. La gente le llama *la cápsula de la DMT*. Después aparecen seres extraños que hablan un idioma ininteligible. Una vez iniciado el viaje, es imposible detenerlo. Aunque sólo dura unos quince minutos, puede parecer eterno. Las cosas cobran vida. El consumidor se siente asombrado hasta el paroxismo por lo que sucede. No puede creer que unos minutos atrás estaba en una habitación y ahora se encuentre en otro lugar completamente distinto. Las alucinaciones por DMT son increíbles y espeluznantes. No existe una droga psicodélica más fuerte en el planeta Tierra. Se encuentra contenida en algunas plantas tropicales. Hay un árbol cuyas semillas contienen DMT. Durante siglos, en Medio Oriente, se usaron para pintar alfombras persas. Las propiedades alucinógenas de esas tintas ocasionaron las leyendas de alfombras voladoras.

Los indígenas del Amazonas fuman e inhalan DMT desde hace cientos de años.

Itzel baja las hojas y me habla de frente con los ojos encendidos:

—¿Alguna vez has visto en televisión ese ritual selvático en el que se mezclan varias plantas para hacer un polvo que luego es aspirado por alguien a través de un tubo largo mientras otra persona sopla desde el otro lado? ¡El indígena recibe como una descarga eléctrica y cae al suelo con los ojos en blanco! ¡Es por esta droga! Escucha —sigue leyendo—. El DMT es una sustancia prohibida en todo el mundo. Su posesión y venta amerita los máximos castigos por la ley.

—No creo —comento—, que Jennifer haya tomado nada de eso. Suena muy exagerado.

—¡Pero real! ¡Existe! ¿Lo sabías? Felipe, ¡tenemos que descubrir qué le pasó a Jennifer exactamente!

La petición suena extraña.

—Sí.

Itzel se hunde en el asiento y agacha la cabeza. Arruga la nariz, lleva una mano a su boca y se queda muy quieta. Una repentina angustia le impide seguir hablando. Permanece así por varios minutos. Me inclino hacia ella. Dice:

—Felipe, tengo mucho miedo...

La observo con inquietud. Aunque ella es la persona más activa y segura de sí misma que conozco, de pronto se ve extenuada. Como si una sombra de desesperación le hubiera oscurecido la mirada.

—¿Por qué, prima? Parece como si tú fueras la culpable de que Jennifer esté en el hospital.

—Tal vez lo soy.

—¿Cómo?

Se quita muy despacio el reloj de la muñeca izquierda. Tiene un pequeño parche blanco. Despega la cinta adhesiva y me enseña una herida circular como del tamaño de un garbanzo.

—¿Qué te pasó?

—Es la quemadura de un cigarro hecha de manera profunda durante varios segundos.

—¿Quién te la hizo?

—Un muchacho con el que salí. Acepté ser su novia. Sólo duramos un día. Quiso drogarme. ¡Es más común de lo que te imaginas! Por eso estoy tan desesperada. ¡Esto es una maldita epidemia!

—Nunca me hablaste de ese novio.

—Perdona que no te informe todo lo que hago...

—Tienes razón, no tienes por qué decirme...

—Disculpa —suspira—. Él es un pasante de veterinaria. Lo conocí cuando llevé a mi perra a vacunar. Se llama Rodrigo, igual que un joven de quien me enamoré cuando viví en el extranjero. Mi amor platónico. ¡Además, se parecen físicamente! Me dejé influir por esa nostalgia del romance que no pude tener y acepté salir con la nueva versión de mi Rodrigo. Además de trabajar como veterinario, los fines de semana tiene otro empleo por las noches. Me pareció un joven interesante. En sus tardes libres me visitaba en el orfanato. Mis niñas, incluso Jennifer, lo veían llegar y suspiraban por él. Es muy guapo... Pero tiene defectos. Por ejemplo, le gusta apostar, tomar y fumar. Son cosas que no van conmigo. Después me enteré de cuál era su empleo nocturno —hace una pausa; la tristeza de sus ojos se ha convertido en preocupación; entonces, sin más rodeos, me lo dice—: Trabaja como portero en un centro nocturno...

Me estremezco. Apenas atino a preguntar:

—¿En el que estuvimos ayer?

—Sí.

—Itzel, ¿estuviste saliendo con el tipo que me acusó de haberle querido dar rohipnol a Jennifer? ¿El portero al que estuviste a punto de abofetear cuando te mandó un beso? ¿Ése es Rodrigo?

Mi prima está pálida.

Dice que sí y se pone a llorar.

8

TABACO

LA DROGA SILENCIOSA QUE ASESINA EN MASA

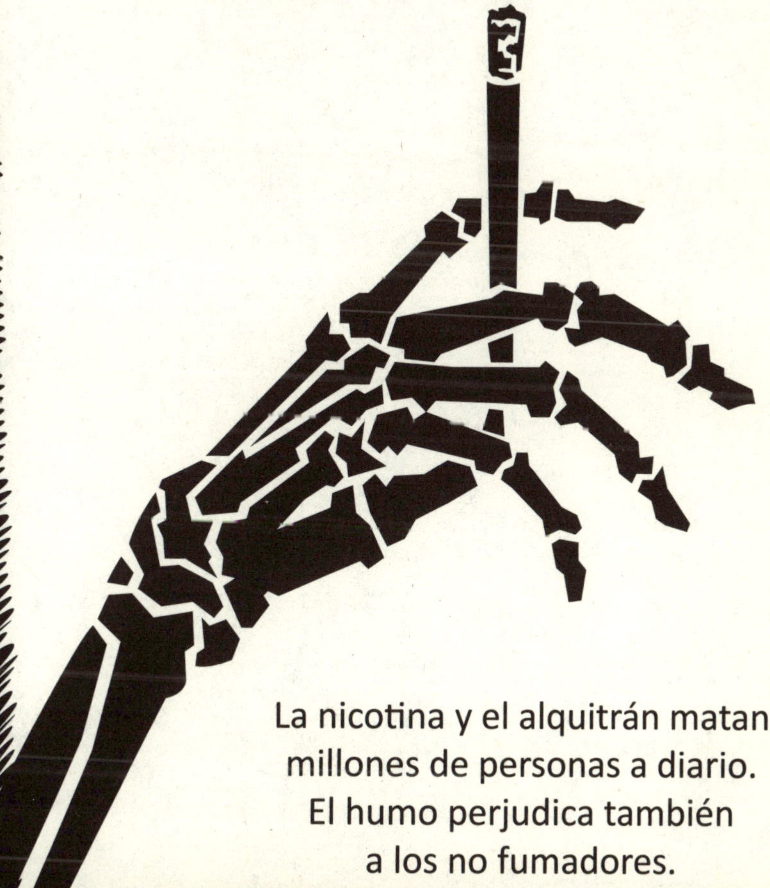

La nicotina y el alquitrán matan
millones de personas a diario.
El humo perjudica también
a los no fumadores.

—Eso sig... ni... fi... ca —digo titubeando—, ¡que Rodrigo ya había visto antes a Jennifer en el orfanato! —mi prima asiente un poco—. ¡Qué tipo tan mentiroso! Ayer dijo que no la conocía.

Itzel se limpia las lágrimas y confiesa:

—Rodrigo y yo terminamos mal. ¡Nos peleamos!

Mira la marca de su muñeca y trata de tocarla. Es obvio que le duele.

—Deberías ver a un médico —le aconsejo—, esa herida está fea. Ya debería haber cerrado.

—Sí —concede—, tal vez tengas razón. Pero hay otras cosas que me preocupan más. Rodrigo se dio cuenta de cómo quiero a mis niñas. En especial a Jennifer. Quizá la perjudicó sabiendo que de esa forma me lastimaría a mí también.

Siento que mi corazón palpita de forma acelerada. Las cosas se están complicando cada vez más. Mi prima se soba la muñeca con suavidad.

—¿Te duele?

—Sí.

—¿Cómo te quemó?

—Fuimos a una fiesta de parejas —explica con la vista fija en un punto—. Todos bebieron tequila y fumaron muchos cigarrillos. Quisieron enseñarme a jugar cartas. Aunque había otras mujeres, yo estaba muy incómoda. No me sentía bien en ese lugar. Insistieron tanto que bebí una margarita. Como no estoy acostumbrada a tomar alcohol, me emborraché. De pronto, dejaron de apostar dinero e inventaron un juego nuevo. Escribieron varios castigos en tarjetitas que pusieron sobre la mesa. Se reían y murmuraban. Según ellos, una de las tarjetas contenía la *sentencia máxima*. Comenzamos a jugar. A los perdedores les salían castigos bastante fuertes, como quitarse algunas prendas de vestir o dar besos y cachetadas a diferentes personas, pero cuando a la muchacha que estaba sentada junto a mí le tocó la *sentencia máxima*, todos se pusieron felices. Hubo gritos y carcajadas. Al calor de las copas y del humo, ella tuvo que obedecer...

Itzel se detiene en su relato. La animo a seguir.

—¿Qué decía la tarjeta?

Baja la voz y voltea cerciorándose de que nadie más la escuche.

—"Desnúdate por completo o haz la prueba de fuego".

—¿Cómo?

—Tal cual. La mujer estaba muy tomada, así que optó por quitarse su vestimenta. Sólo le permitieron quedarse en ropa interior. Yo quise salirme del juego, pero no me dejaron. Acordamos en jugar sólo cinco rondas más. Volvieron a meter la *sentencia máxima* en el paquete de cartas y las revolvieron. Me libré de perder en las primeras cuatro, pero a la quinta, tuve la carta más baja. Tomé la tarjeta y ahí estaba otra vez. Ya te imaginarás —levanta su brazo lastimado—, ésta era la prueba de fuego...

Lo comprendo todo. Mi prima no aceptó desnudarse, pero la obligaron a quemar su piel con un cigarrillo encendido.

—¿Lo hiciste tú sola? —pregunto.

—No. Me detuvieron entre varios y la chava sin ropa lo hizo... Hubo muchas risas y aplausos. Yo no podía creer que Rodrigo hubiese visto todo sin defenderme. Cuando subimos al coche, yo estaba llorando. Sentía mucho dolor en el brazo. Él quiso consolarme. Se acercó a mí y me besó. Traté de apartarlo, pero me agarró con mucha fuerza y siguió besándome. Olía a tabaco. Sabía a tabaco. Era como si me hubieran obligado a chupar un cenicero.

Trago saliva. La perrita french poodle entra al estudio. La acaricio, como tratando de no darle importancia a cuanto acabo de escuchar, pero lo cierto es que estoy temblando de coraje.

—¿Qué le dijiste a Rodrigo, después de que te besó a la fuerza?

Itzel tiene la mirada cristalizada por el coraje al recordar.

—Lo amenacé con denunciarlo a la policía porque él ocasionó que sus amigos me quemaran el brazo. Le dije que era muy poco hombre. Me contestó: "Cálmate, tómate esta pastilla, es una medicina para el dolor de la quemadura; te sentirás mejor". Ahora pienso que tal vez el muy desgraciado quería drogarme. Le aventé la pastilla a la cara y salí de su auto. Casi me atropellan. Subí a un taxi y dejé de verlo, hasta ayer en la noche.

—¿Lo denunciaste?

—No.

—¿Al menos le platicaste a tu mamá?

—No, Felipe. Tú eres el primero que lo sabe. Supongo que me pasó como a las mujeres que sufren abuso o tienen problemas con hombres. Se sienten culpables, sucias y sólo desean olvidar lo que ocurrió. Por eso callan.

Itzel toma el cuadrito de tela adhesiva dispuesta a cubrirse la llaga de su muñeca.

—Espera —le digo—, déjame verla.

Me la muestra. Tiene el centro de la circunferencia en carne viva.

—No está nada bien. Esto se te puede infectar. Prométeme que vas a decirle a tu mamá o a un médico...

Sonríe cariñosa y me abraza.

—Sí, primo; te lo prometo.

Luego vuelve al proceso de ponerse la gasa.

—Ahora entiendo —le digo, pensativo—, por qué no soportas el cigarro.

—¡Su simple olor me da asco, Felipe! Además, es una droga muy dañina.

—Bueno —objeto—. El cigarro se considera una droga "blanda". No es como el GHB y todas ésas a las que les llaman "duras".

—¿Quién te dijo eso?

—Lo leí.

—¡Pues es una tontería! No existen drogas duras y blandas. Existen drogas. Punto. La televisión hace publicidad para que digamos *no* a las drogas y los adultos se preocupan porque la juventud no se drogue, pero hablando claro, en el mundo mueren más personas debido a las consecuencias del alcohol y del tabaco que por el uso de todas las drogas ilegales juntas.

—¿Entonces el tabaco sí es una droga?

—La nicotina, su sustancia activa, lo es. Revisa la definición —mueve el *mouse* y abre varias páginas; después de unos segundos dice—: Aquí está. "Se le llama *droga* a toda sustancia no alimenticia, que produce tolerancia y a veces adicción, cuyas moléculas viajan en forma directa al cerebro y actúan sobre éste alterando las sensaciones físicas o psicológicas y modificando el comportamiento de la persona".

—La doctora de la Secretaría de Salud dio una definición parecida.

—Bueno, pues el tabaco cumple con todos los requisitos. Mira. Es una droga adictiva. Produce dependencia física y psicológica con rapidez. De hecho, aquí dice que la nicotina pura es un veneno muy potente. Si tomaras unas cuantas gotas de nicotina morirías en minutos —señala su monitor y mueve la pantalla para seguir el tema—. En el humo del cigarro, las partículas de nicotina se disuelven con la saliva y pasan a la sangre; al llegar al cerebro irritan las neuronas y mejoran los niveles de atención; al mismo tiempo disminuyen la rigidez muscular. Los efectos son agradables: de alerta y relajación a la vez. Pero el fumador no se da cuenta de que sus dientes se vuelven amarillos, su piel se reseca, su boca adquiere un profundo olor acre y su condición física disminuye, porque el tabaco lesiona los pulmones, además de ocasionar cáncer y enfermedades del corazón.

—Pero yo conozco personas mayores que han fumado toda la vida y se encuentran sanas —protesto—. También he oído que el humo de las ciudades contaminadas es más dañino que el humo de los cigarrillos.

—Las dos cosas son mentira, Felipe. Todos conocemos adultos fumadores, ¡pero analízalos bien! Ve cómo les cuesta trabajo respirar, escúchalos toser, observa que casi no se mueven y son incapaces de hacer el más mínimo ejercicio; mira sus dientes, acércate a oler su piel, su ropa o su boca. Si pudieras echar un vistazo a sus pulmones te asustarías. Aunque han sobrevivido a un hábito nocivo, no merecen honores por ello. ¡Todo lo contrario! Un fumador puede triunfar en muchas áreas, pero el cigarro en su boca habla de fracaso en otras. Quizá esa persona tenga la suerte de llegar a ser anciana, pero es más posible que pase a formar parte de las estadísticas de quienes mueren cada día por enfisema pulmonar o cáncer. Mira lo que dice aquí.

Me muestra la pantalla de su computadora.

Acerco mi silla para leer.

—Los estudios epidemiológicos señalan que el tabaco es causante del 30% de los cánceres de pulmón diagnosticados, frente al 2% producido por la contaminación ambiental, así que es tonto decir que el humo de las fábricas y autos causa más daño. Cuando un cigarro encendido se deja en el cenicero, el humo que sale de él es incluso más dañino, pues tiene mayor concentración de cancerígenos. Al fumar cerca de otras personas se les está convirtiendo en fumadores pasivos, obligándolos a respirar un aire contaminado. Los fumadores pasivos también pueden padecer problemas respiratorios. Fumar durante el embarazo puede dañar al bebé. Para fumar marihuana o *crack* se necesita primero aprender a fumar tabaco.

—Entonces —reflexiono—, papá también fumó cigarros.

—Seguramente.

Suena el teléfono de la casa.

Mi prima no contesta de inmediato. Respira con calma y levanta el aparato.

—Sí, tío —se para de un brinco y me hace señas con una mano para indicarme que es mi papá—. Felipe está aquí conmigo —asiente varias veces—. ¿Cómo sigue Jennifer? —mi prima escucha con atención; me acerco a ella—. Vamos para allá.

Cuelga el aparato y me mira, preocupada.

—Acaban de llegar a tu casa. Dicen que necesitan hablar con nosotros.

—¿No te comentó...?

—Nada.

Doblo las tres hojas con la información que imprimió sobre las drogas y me las echo a la bolsa. Ella apaga la computadora con rapidez sin decir nada más, corre a cambiarse y salimos de la casa.

9

KETAMINA

LA DROGA QUE SEPARA EL CUERPO DE LA MENTE

La ketamina produce sensación de flotar por los aires y visión de caricaturas.

Siempre me ha costado trabajo pensar y moverme tan rápido como Itzel. Ella suele esperarme, pero esta mañana, se adelanta por la acera. Justo a mitad del camino casi choco con ella. Se ha detenido y mira hacia delante.

—¿Ya viste?

Hay dos patrullas junto al auto de mis padres.

—¡Dios mío! —los brazos me cosquillean.

—Vamos —me toma de la mano.

Llegamos hasta mi casa, como dos hermanos dispuestos a darse apoyo frente a recónditas noticias.

En efecto, hay policías en la entrada.

La puerta principal está abierta.

Un repentino pavor me paraliza las piernas y disminuyo el paso. Mi prima me jala hacia el interior con suavidad.

En la sala están sentados tía Beky, mis papás, el director de la escuela y el jefe de la policía. Todos tienen una expresión tétrica.

Parece como si...

Itzel y yo nos detenemos frente a ellos, percibiendo las oscilaciones de dolor y pasmo. Mi prima lo encara.

—¿Se... murió... Jennifer?

Nadie contesta de inmediato, pero mi tía agacha la cara y comienza a sollozar. De todos los adultos, ella es la única que tiene los ojos rojos y los párpados hinchados.

¿Será posible? Volteo alrededor.

Aunque no hay gritos ni llantos desesperados, en el aire flota un profundo sufrimiento.

—¡Díganmelo! —grito.

El policía comenta con voz gutural:

—Jennifer falleció hace unas horas.

Me mareo. Itzel se da cuenta de mi trastabillón y me abraza por la espalda. Luego me lleva hasta una silla.

—Necesitamos saber —prosigue el comandante dándome un papel—, si tú le escribiste esta nota.

La hoja tiene el dibujo de una especie de pera con ojos. En medio de la silueta hay cinco palabras y una firma: "No me dejes. Te amo. SUPER K".

—Yo no escribí esto —digo arrastrando las palabras.

Me vienen imágenes de Jennifer a la mente. Levantando la mano para participar en clase, dirigiendo a sus compañeras en un baile de *jazz*, defendiéndome en la oficina frente a Pascual.

Aprieto los dientes y siento cómo la vista se me nubla.

El policía no se inmuta. Pregunta:

—¿Conoces a alguien que haya podido escribir este recado?

Muevo la cabeza. Con gran dificultad aclaro:

—Ni siquiera había oído el apodo de "SUPER K".

—No es un apodo —dice el director de la escuela—, encontré esta nota en la bolsa de Jennifer, donde había una pastilla con la letra K. La llevé al hospital para que los médicos la analizaran. Se trata de una droga muy peligrosa.

—¿Entonces tomó otra cosa además de GHB?

—Quizá. Hasta ahora el diagnóstico es que murió por sobredosis de GHB, pero traía ketamina en su bolso.

La lengua se me ha ido hacia atrás y me está obstruyendo la respiración.

El director prosigue:

—Pascual es el principal sospechoso. Lo sabemos. Sin embargo tenemos muchas preguntas: ¿Por qué Jennifer quiso salir contigo, Felipe? ¿Por qué estuviste besándola y le desabotonaste la ropa? ¿Por qué quisiste huir cuando ella se desmayó?

—Yo no... no...

Itzel sale en mi defensa.

—Deberían interrogar primero a Pascual, ¿no les parece?

—Fuimos a su casa hace rato —comenta el policía—. Tal parece que después de que estuvo detenido por vender anfetaminas, su papá pagó la fianza y discutió con él. Pascual se enojó con su padre y se fue. ¡Así como lo oyen! Nadie sabe dónde está —yo escucho difusamente, me ha bajado la presión—. ¿Me permites la hoja? —dice el policía; le devuelvo el dibujo—. Tal vez tengas que hacer una prueba grafológica para demostrar que tú no pintaste esto.

—Sí —alcanzo a decir.

—Estaremos en contacto —completa el oficial—. Si sabes cualquier cosa que sirva para hallar al culpable de este crimen, te lo agradeceremos.

—Sí...

Todos los adultos se ponen de pie para despedirse.

—Comandante —dice Itzel—, ¿puedo hablar con usted a solas?

No sé por qué, pero estoy sin fuerzas y me es imposible poner atención. En medio de una espesa neblina distingo que mi prima se aleja con el jefe de la policía; la veo quitarse el reloj y mostrar la quemadura de cigarro...

Siento palmadas de alguien en mi cara y un intenso olor a alcohol.

—¡Ya volvió en sí! —escucho de forma vaga—. Felipe, ¿te sientes mejor?

Abro los ojos y levanto la cabeza. No sé qué me pasó.

—Te desmayaste.

Los policías y el director ya se fueron.

Mi hermano Riky está a mi lado deteniendo la botella de antiséptico.

Papá dice:

—Necesitamos regresar al hospital; hay muchos trámites que hacer... Quédense en la casa, por favor. Itzel, ¿te encargo a tus primos? Los llamamos por teléfono al rato.

—Sí, tío, no te preocupes.

Itzel va hasta donde está su mamá. Se abrazan. El dolor es demasiado grande para expresarlo con palabras.

En cuanto nos quedamos solos, vuelvo a hundirme en el sillón.

Entonces me suelto a llorar tapándome la cara con ambas manos. Mi hermano menor se acerca para tratar de consolarme, pero opta por quedarse a prudente distancia. Por lo visto está enterado de todo el problema. Itzel no puede soportar la presión y comienza a sollozar también. Se va a otro cuarto.

Pasamos más de una hora lamentándonos.

Cuando parece que no podemos producir más lágrimas, mi prima regresa a la sala y se sienta junto a mí. Me dice:

—¿Tienes las hojas que imprimí sobre drogas?

—Sí —las había doblado y metido a la bolsa de mi camisa—, aquí están.

Ella busca un párrafo.

—Mira —comenta despacio—. A la ketamina le dicen *super K*.

Tengo los ojos descompuestos. Itzel también. Llama a mi hermanito:

—Riky, ven. ¿Me puedes ayudar?

—Sí —se acerca de un salto.

—Lee aquí, por favor.

La dicción de Riky es lenta.

—Ketamina. Se creó como anestésico humano, pero producía alucinaciones graves y entonces comenzó a utilizarse en veterinaria. Ya casi tampoco se usa en animales. Bloquea el sistema nervioso sin deprimir el respiratorio ni el circulatorio.

—¡Alto! —digo—, ¿ya escuchaste eso, Itzel? Rodrigo es veterinario...

—Sí. Por favor, continúa, Riky.

—Aunque aún se consigue en las farmacias controladas, su producción masiva es ilegal y se vende en la calle en forma de pastillas o polvo. Puede inyectarse, esnifarse o comerse. Le dicen *K*, *special K*, *super K* o *vitamina K*. La ketamina es una droga única, porque como ninguna otra, ocasiona efectos disociativos. Es decir, quien la toma se ve desde otro plano, parece como si la mente se separara del cuerpo, además siente que flota o vuela; a ratos se ve dentro de un largo túnel que gira; los cuerpos y caras de los demás parecen muy distorsionados, como caricaturas; las extremidades se alargan y acortan. Provoca una supersensibilidad en los sentidos. Las alucinaciones producidas por ketamina pueden llegar a ser aterradoras. Los efectos de luz y sonido en los centros nocturnos agravan los espejismos. Como es imposible saber la concentración, tomar ketamina es muy peligroso. Si se combina con alcohol u otras drogas depresoras, la persona puede perder el conocimiento y morir. Aun así hay quienes la mezclan con éxtasis o con cocaína.

A la unión de cocaína y ketamina se le dice *Calvin Klein*; provoca efectos brutales y una dependencia enorme.

—¿Por qué —pregunto con rabia—, si esta droga es tan peligrosa, hay jóvenes que la toman?

Itzel se encoge de hombros.

—Supongo —contesta—, que muchos quieren saber qué se siente flotar por los aires y separar la mente del cuerpo; también puede ser interesante percibir sonidos, olores y colores que no existen... Sigue leyendo, Riky.

Mi hermano obedece.

—Con ketamina, existe riesgo de ruptura de aneurismas cerebrales, torácicos y abdominales. En los esquizofrénicos la ketamina activa sus síntomas psicóticos. Quienes la consumen viven al filo de la muerte.

Cuando Riky termina de leer permanecemos callados un largo rato. Luego Itzel resopla.

—Todo es tan confuso —se levanta y dice—: Voy a preparar algo para desayunar.

Riky quiere leer más. No lo soporto.

—¡Cállate! —le grito.

Bota los papeles y se va al sillón de enfrente. Cruza los brazos, enfadado.

Después de un rato, Itzel nos llama desde la cocina. Huele bien. Ha preparado huevos con tocino. Cuando llegamos a verla está escribiendo en una servilleta con los ojos entrecerrados como quien se esfuerza por recordar las respuestas de un examen.

—¿Era la Avenida Sur-Oriente o Sur-Poniente?

—¿Te refieres al lugar en la Plaza de Arte, donde Jennifer se perforó el abdomen?

—Sí.

Entonces recuerdo la nota que tenía Jennifer en su bolso con las palabras “No me dejes, te amo. SUPER K”.

De momento, la silueta me pareció una pera con ojos, pero ¡en realidad era una especie de calavera!

Me armo de valor. Digo:

—¡Vamos a esa plaza! Debemos investigar. ¿Qué importa si no tenemos la dirección exacta? Allá preguntamos.

Muchas veces he escuchado hablar del mundo de las drogas. Sin ser drogadicto, ahora estoy dentro de él.

10

PEYOTE

HONGOS Y CACTÁCEAS DE LOS ESPÍRITUS

Muchos aseguran que al comer
hongos alucinógenos
hacen contacto con el más allá.
Las visiones pueden ser espantosas.

No podemos convencer a Riky de que se quede en casa. Todos somos condescendientes con él, porque hace algunos años estuvo muy enfermo de un padecimiento que casi lo mata, y en el fondo tenemos miedo de que recaiga. Así que aceptamos llevarlo con nosotros.

Vamos en taxi a la Plaza de Arte; es una enorme explanada al aire libre en donde abundan pintores y escultores que ofrecen sus obras al público. También hay caricaturistas y mimos. El sitio es tan vistoso que incluso se ha vuelto turístico. Está lleno de locales comerciales alrededor.

Nos dirigimos a un enorme negocio de videojuegos y le damos dinero a Riky para que se divierta en las maquinitas. Le pedimos que no vaya a salirse de ahí.

Entonces, Itzel y yo corremos a buscar el sitio donde ponen *piercings* y tatuajes. No sé en qué momento me separo de mi prima. Ella se mueve demasiado rápido. Volteo hacia todos lados y no la veo. Camino entre la gente.

De pronto, mis ojos se cruzan con un joven extravagante. Está vestido con abrigo largo de terciopelo negro y camisa de holanes; el maquillaje blancuzco de sus mejillas contrasta con las intensas rayas negras que delinean sus ojos y labios. También tiene grandes lágrimas dibujadas en las mejillas. Calza botas largas de plataforma y tacones enormes. Me acerco a él; lleva en sus manos un ramo de rosas negras. Me dice:

—Las sombras son el alma de la soledad. ¿Quieres comprar una?

Mis ojos no pueden dejar de mirarlo. Es hipnótico. Cerca de él hay una mujer vestida a la misma usanza, con falda negra, botas y blusa con encajes. Trae un corsé que estiliza su figura. No puedo creer que sea tan bella.

—Compra una rosa —insiste el hombre.

—No traigo dinero —contesto.

—Entonces, te la regalo.

—Gracias —acepto el obsequio y trato de ser amable—, ¿cómo te llamas?

—Nosotros no tenemos nombre. Estamos muertos. Nos mataron la contaminación y la violencia. A mí me dicen *el Cadáver*. Toma este papel. Aquí va mi número telefónico por si deseas conectarte con las sombras.

Entonces se acerca otro individuo muy alto, con lentes obscuros, cabello rapado en los lados y una tira de picos al centro de la cabeza. Trae camiseta negra y pantalón de lona deslavada. Me llaman la atención sus botas de charol con agujetas blancas.

El recién llegado se acerca al Cadáver, le dice algo en voz baja y da la vuelta para caminar con rapidez. Al girar lo veo desde otro ángulo y siento un hueco en el estómago. ¡Yo conozco al sujeto! Tiene esa peculiar mandíbula afilada. Meses atrás, yo la veía cuando él guardaba los instrumentos de laboratorio.

—¡Pascual! —susurro.

Creo que entra a un local de artesanías. Dudo en seguirlo. Volteo buscando a mi prima. No la veo por ningún lado.

Regreso corriendo al sitio donde dejamos a mi hermano. Compruebo que Riky está jugando en una máquina con gran entusiasmo, rodeado de varios chicos que lo animan por su nombre. Es asombrosa la capacidad que tiene para hacer nuevos amigos. Como Itzel no ha regresado, vuelvo a la plaza. Voy al sitio donde me pareció ver que se metía Pascual. Abro la puerta. Se escucha el sonido de campanitas. Adentro huele a incienso. Un hombre con bata de colores y cabello largo se encuentra detrás del mostrador. Está oyendo música *new age*. En las vitrinas hay tarjetas del tarot, piedras de colores, libros de horóscopos y plantas curativas.

—Hola —saludo.

—¿Qué hongo, morongo?

—Ando buscando a un amigo de lentes obscuros y picos en la cabeza. Me regalaron esta rosa negra y...

—¡Chale! —interrumpe—, no existen rosas negras. ¡Son pintadas! ¡Qué mal caso!, ¿no te parece?

—Sí...

—Pero has de estar confundido, carnal, los que se peinan con picos no venden rosas negras... eso más bien es cuento de los oscuros.

—No entiendo.

El hombre baja el volumen a su música y se quita el cabello de la cara para verme. Trae un enorme arete en la oreja izquierda. Por lo visto este asunto de los *piercings* es usual en todo tipo de personas.

—Hay una banda que son como muertos en vida —me explica—; su movimiento es de protesta silenciosa, reflejan oscuridad y tristeza porque, según ellos, las injusticias los han matado. Como nadie los entiende, se quedan sin trabajo, así que venden cosas en la plaza. ¿Dices que te regalaron esta rosa? Eso es muy raro. Ellos no regalan nada; también hay otros vatos que traen playeras negras holgadas, pantalones viejos y tenis; son más musicales del metal. También están los que se peinan con el cabello hacia arriba, a veces pintado de colores fosforescentes y rapados a los lados; visten piel negra, con estoperoles y *spikes*.

—Pues el que busco tiene un poco de los tres.

—Sí. Hay cuates que combinan de todo y echan a perder mi clasificación.

—¿Se drogan?

—Chale, ¿eres de los puritanos? En el planeta Tierra cualquiera se puede drogar. No importa su vestido o peinado... Yo, por ejemplo, tengo hongos de poder, ¡comida que te ayuda a ser más espiritual!, pero algunos le dicen "droga *light*".

—¿De veras?

—¡Cámara! Para los autóctonos, comer peyote es un rito sagrado. ¿No te sientes a veces lejos de los dioses? Los hongos te ayudan a unirte a ellos.

—¿Qué contienen?

—¿Vienes a hacer la tarea?

—Sólo quiero saber más.

—Pues entonces, llegaste al lugar correcto. Yo soy la leyenda enmascarada —adquiere pose de intelectual y enuncia—: No importa su color o tamaño, los hongos y cactáceas pueden traer dos sustancias: mescalina o psilocibina. Eso les da el poder. Aunque sean diferentes, por tradición, aquí a todos les decimos igual: ¡*peyote*!

—¿Y no es fácil confundirlos con hongos venenosos?

—Sí. Hay un chorro de ésos también. Si te equivocas puedes estirar la pata. Por eso tienes que acercarte a un experto como yo. Soy devoto de nuestra Madre Naturaleza y los hongos me unen a ella. ¡La disfruto un resto, chavo! Respiro el aire y veo los paisajes. No´mbre. ¡Es padrísimo!

—Qué interesante —contesto—. Tengo que irme. Necesito encontrar a un tipo que me quitó algo...

—¿Qué te quitó, carnal?

—U... una cosa... mu... muy importante y valiosa. Tú conoces esta plaza. Por favor, dime dónde se reúnen las tribus urbanas.

—Sereno, moreno.

Se mete a un pequeño privado. Regresa trayendo su licuadora vieja dentro de la cual ha puesto agua, trozos de plátano y polvo café; la tapa con la mano antes de encenderla. Se escucha el ruido de un motor deteriorado; la apaga y sirve el brebaje en un vaso.

—Te voy a regalar un licuado de peyote. Es de lo más liviano. Para que mojes el labio y sepas de lo que hablo.

—¿Pe... pero no es peligroso?

—Todo es peligroso en esta vida, güey. Hasta tomar agua. Te puedes atragantar —se ríe—. La bronca empieza cuando los chavos agarran confianza y siguen probando otras cosas. Claro que si tú mismo te metes peyote sin saber lo que haces, puedes tener viajes horribles, espejismos o de plano se te puede ir el avión y hasta te "pelas". Por eso, repito, júntate con el que sabe. Toma.

Me ofrece el licuado.

—No —contesto—, muchas gracias, de veras. Ya te dije que necesito irme. El cuate que ando buscando se me puede escapar.

Camino hacia la puerta. Al abrirla, las campanitas suenan otra vez. Antes de salir, volteo y vuelvo a preguntar:

—¿Dónde se reúnen?

—Cámara, pivote y llanta. La neta que te quieres meter en broncas. A los de algunas tribus urbanas les gusta juntarse en la tienda de la calavera. Está en la esquina cruzando la avenida.

—Gracias.

Salgo corriendo. Voy hasta el final de la plaza y me detengo en la bocacalle.

Es verdad. ¿Cómo no lo vi antes?

El local ocupa toda la esquina. Tiene un cráneo descarnado pintado en la puerta.

Todos los autos se detienen cuando la luz del semáforo cambia a roja. Frente a mí se enciende el símbolo verde de un peatón autorizado para caminar. No lo pienso más. Atravieso la calle y voy directo a la tienda.

Dudo antes de entrar.

Abro la puerta muy despacio.

El interior está oscuro, alumbrado con tubos morados. Mi camiseta blanca se vuelve fosforescente. Me veo en un espejo. Con esa luz, los dientes y ojos también cobran un brillo siniestro.

El lugar es grande. Tiene una sección en la que se vende ropa gótica. Camisetas negras con caras demoniacas, pantalones de cuero, chamarras con calaveras.

Veo a una joven mirando la ropa. ¡Es una conocida!

Me acerco a ella. Está casi de espaldas.

¿Será posible?

Cuando voltea, ambos nos sobresaltamos.

¡La compañera nueva de mi salón! Tiene los párpados hinchados. Se ve que ha estado llorando...

—¿Modesta? —pregunto—, ¿qué haces aquí?

11
TIPOS DE DROGAS

CÓMO SE ENGANCHA UN JOVEN A LA DROGA

Clasificación y definiciones.

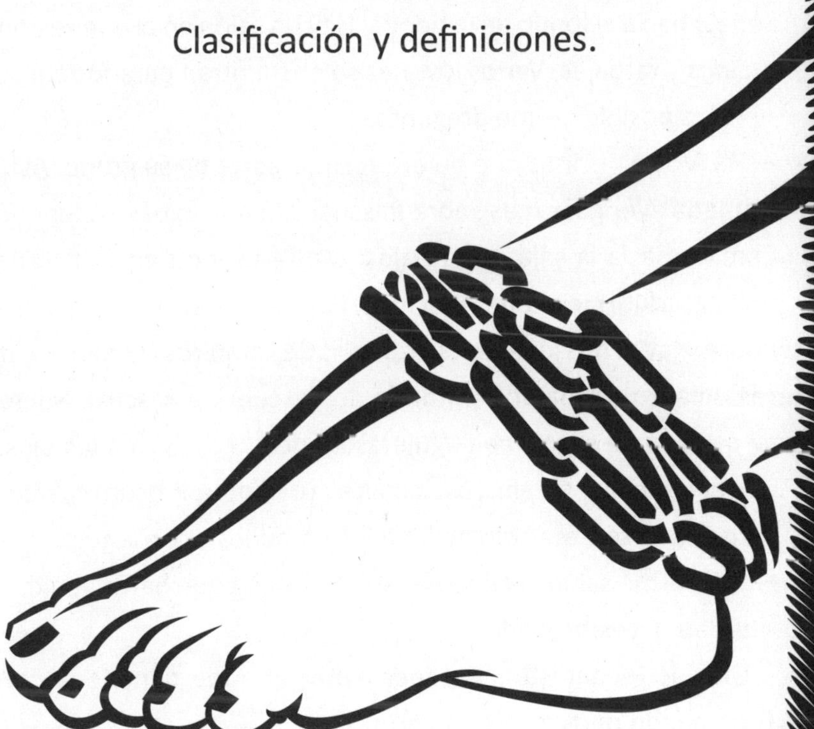

—¿Ya te enteraste de lo de Jennifer?

—Sí —dice Modesta con enfado; tiene los ojos enrojecidos.

—¿Por qué viniste a este lugar?

—Quiero saber... investigar... Ella traía un *piercing* en el abdomen. Se lo puso aquí.

Me siento feliz por tener una cómplice inesperada. Le pregunto:

—¿Te acuerdas que anoche Jennifer usó una peluca negra y un vestido muy pegado? —recapitulo—, a lo mejor Pascual le enseñó a vestir así. Hace rato, en la plaza, vi a varios tipos raros, ¡y creo que uno de ellos era Pascual!

Señalo hacia el fondo de la tienda. Hay un salón en el que se ponen *piercings* y tatuajes. Varios jóvenes se encuentran parados ahí.

—¿Será posible? —me pregunta.

—Sí... Voy a decirles que quiero formar parte de su grupo. Así, tal vez pueda averiguar más sobre Pascual y lo que le pasó a Jennifer.

Camino hacia la sala de tatuajes. Modesta me sigue. El corazón comienza a latirme a toda velocidad. Parece que entro a una película lúgubre. Hay varios jóvenes disfrazados de vampiros. Hombres y mujeres. Analizo a cada uno tratando de descubrir a Pascual. Ninguno trae calzado de charol con agujetas blancas. Los miro a los ojos. El Cadáver se encuentra ahí. Los demás son distintos. Procuro calmarme y pensar que se trata sólo de jóvenes comunes y corrientes.

—Hola —me saluda el Cadáver—. ¡Es bueno que hayas venido! La oscuridad necesita aliados.

—Gracias —contesto sin poder evitar que me tiemble la voz—, ¿cómo puedo pertenecer a su grupo?

Un tipo se aproxima por mi espalda.

—Los amigos de la noche no tenemos miedo al dolor —dice mostrándome su lengua atravesada por una bola de metal—. Para ser de los nuestros tienes que seguir varios pasos. El primero es demostrar que eres valiente.

—¿Agujerarme la lengua?

—No va a dolerte —dice una mujer—, es rápido. Entre todos vamos a ayudarte a llegar al límite de las sombras, donde puedes ser libre.

—Pero...

No me deja terminar la frase.

Hay una silla alta como de estilista. La persona encargada de realizar los trabajos sale detrás de una cortina. Me quedo impresionado. Su cuerpo pintado parece un cuadro de arte cubista; en cada milímetro de los brazos tiene un tatuaje, pero el conjunto de dibujos se asoma por el cuello de su camiseta, el abdomen y los talones. Me saluda. Dos jóvenes me están deteniendo para que no trate de escapar.

—Esperen —suplico—, ¡no quiero agujerarme la lengua!

—Escoge otro lugar del cuerpo, entonces —sugiere el Cadáver—. Quizá donde no se vea —levanta su camisa y me muestra su tetilla izquierda atravesada por una argolla—. Éste es un sitio perfecto para los iniciados. También resulta muy sexi.

Recibo un ligero empujón hasta la silla. Estoy sudando. Considero la posibilidad. ¿Cuánto puede doler? Es sólo un piquete. Como ellos dicen, se trata de una prueba de valor. Alguna vez pensé en ponerme un *piercing*. ¿Por qué no ahora? En cuanto lo haga, ganaré la confianza de esos sujetos. Me animo.

Una chica vestida de blanco que miraba la ropa se atraviesa en mi camino.

—Yo también quiero ponerme una argolla en el ombligo —dice.

—Espera tu turno.

—¡No! —se adelanta subiéndose al banco—. Tiene que ser ahora o me voy a arrepentir.

Levanta su blusa e inclina el cuerpo hacia atrás para que la piel no se arrugue.

—De acuerdo.

El tatuado se pone unos guantes de látex, luego procede a limpiar el abdomen de la chica con gel y algodón, toma unas pinzas para pellizcar su piel; marca con tinta dos puntos por donde debe entrar y salir el arete, enseguida revisa que los puntos estén alineados, levanta una enorme aguja quirúrgica enseñándole a la joven que el empaque está cerrado.

Vuelve a jalar la piel y le dice:

—Cuando cuente tres, respira profundo. ¿Lista? Uno, dos, tres.

Antes de que ella pueda terminar de inhalar, el hombre ha atravesado los puntos con la enorme aguja.

—¡Aaaay! —grita y resopla; luego pregunta—: ¿Ya fue todo?

—Apenas empecé —contesta el sujeto.

Ella suda. Las manos le tiemblan. El hombre ata a la aguja una especie de liga gruesa y jala. Los labios de la joven están pálidos. Ya que el catéter ha sido colocado, el hombre pasa un alfiler a través de él. Después con un solo movimiento brusco saca la liga. Ella emite otro lamento desgarrador.

—¿Por qué gritas, preciosa? No te salió ni una gota de sangre. Mira. Ahora sí vas a gustarle a tu novio.

Le pone al alfiler un broche de bola con el mismo símbolo que tenía el de Jennifer, luego le da las últimas indicaciones sobre cuidados que debe procurar para evitar una infección.

Ella murmura:

—Me estoy mareando... voy a caerme... no puedo ver.

Una señora que estaba acomodando ropa trae refresco de cola. Cuando la veo de cerca puedo observar un rostro horripilante: su nariz está incompleta, le falta el ala de la fosa nasal izquierda. Una espina de centímetro y medio de diámetro atraviesa su oreja, tiene argollas en las cejas, nariz y boca; una punta de lanza de metal traspasa su barbilla y, en la lengua, una enorme bola plateada le hace articular las palabras de forma extraña.

La joven de blanco bebe sorbos del refresco y comienza a reaccionar.

—Mira, mi'jita —dice la mujer—, ¿escuchaste todo lo que dijo el tatuado? No quiero que luego vayas a reclamarnos si te pasa algo.

¿Ves mi nariz? Perdí esta aletilla nasal por no seguir las indicaciones.

—Pero si llegara a infectarse, ¿qué debo hacer? —pregunta la chica, asustada.

—¡Ve con un médico!

En ese instante, Modesta avanza.

—Yo quiero perforarme la lengua —toma asiento.

Por primera vez en su vida, mi compañera no está haciendo honor a su nombre. Se dirige a mí para explicar:

—¡Todos se fijaban en Jennifer! Ella era fascinante...

Esto es ilógico. ¿Qué le pasa a Modesta? ¿Admiraba a Jennifer en secreto?

—¡No hagas eso, Modesta! Jennifer se murió.

—Pero incluso su muerte fue romántica.

—Bájate de esa silla. Estás confundida.

—Cállate —me dice una chica—. Debería darte vergüenza. Ella es más valiente que tú.

¿Ahora Modesta quiere parecerse a Jennifer y elogia la forma en que murió? ¡No es posible!

El hombre de los tatuajes procede de inmediato. La mujer vampiro la felicita:

—Un *piercing* en la lengua excita a los hombres al besarlos. ¿Sabías eso?

Modesta agacha la cara y se pone a temblar.

—¡Abre la boca!

Obedece. Volteo para otro lado. Mientras perforan la lengua de mi compañera, el grupo la anima con sonidos extraños que emiten en forma secuenciada. En menos de diez minutos Modesta luce una enorme bola plateada en la lengua. Baja del banco en medio de los aplausos.

Modesta sonríe, luego comienza a llorar y sale corriendo de la tienda. Nadie entiende su reacción.

La joven de blanco vuelve a apoyarse en mí y casi se desvanece.

—¡Sigo mareada! —dice—, necesito aire... ¿me acompañas a la puerta?

—Claro —contesto.

Cuando caminamos entre los estantes de ropa gótica, ella susurra:

—No te perfores. Yo ya me arrepentí. Tu amiga, Modesta, también se arrepentirá...

—Sí. Yo estaba ahí por curiosidad —le digo—, no sabía cómo escapar.

—Entonces camina rápido y vámonos.

Salimos a la calle. Estoy temblando.

—Gracias —le digo.

A la luz de la tarde me doy cuenta de que es una muchacha de verdad hermosa. ¿Por qué se habrá hecho una perforación?

—Gracias a ti, por acompañarme. Creí que me moría.

—Oye —le pregunto mientras caminamos—. ¿Conoces a una joven llamada Jennifer? Ella se perforó el ombligo, como tú, en este mismo sitio.

—No. ¿Está perdida?

—Murió anoche por una sobredosis de droga.

—¡Lo siento! Acabo de mudarme a estos rumbos.

Escucho que el Cadáver sale de la tienda y me llama.

—¿A dónde vas? ¡No seas cobarde!

La joven hermosa me dice:

—¡Corre!

Obedezco. Atravesamos la calle sin voltear atrás. Después de varias cuadras doblamos a la derecha. Hallamos el Museo de Arte. Hay una exposición temporal de la Secretaría de Salud sobre la droga. Entramos.

—Qué casualidad, ¿no crees?

—Sí —contesto—. Las drogas me persiguen.

—Es mejor que nos separemos aquí. Así no nos encontrarán tan fácil. Chao.

La veo alejarse. Suspiro.

Estoy parado justo en la entrada del museo.

Una señora de lentes me da papel y pluma para que tome notas. Dice que los jóvenes podemos entrar gratis. Camino entre los diferentes salones y reviso que nadie me siga.

¿Qué está pasando? Hacía mucho tiempo que no me sentía tan angustiado. Leo algunos de los recuadros que hay en la pared y, para tratar de calmarme, los copio en la hoja de papel.

¿Cuántos tipos de drogas existen?

Aunque muchas sustancias ahora tienen efectos combinados, tradicionalmente las drogas se dividen en:

1. DEPRESORAS. Refrenan ***el cerebro*** y lo adormecen:

a. Narcóticos: opio, morfina, heroína, metadona, fentanilo.

b. Alcohol: *whisky*, *brandy*, tequila, etc.

c. Sedantes: barbitúricos, somníferos y anestésicos como ketamina, GHB y rohipnol.

2. ESTIMULANTES. Aceleran ***el cerebro*** y lo excitan:

a. Legales: nicotina (tabaco), cafeína, taurina, etc.

b. Anfetaminas: metanfetaminas y derivados como el éxtasis y la efedrina.

c. Cocaína y *crack*.

3. TRASTORNANTES. Confunden ***al cerebro*** y modifican las sensaciones visuales, auditivas, táctiles, etc.

a. Alucinógenas: LSD, PCP, DMT, psilocibina, mescalina.

b. Cannabis: (THC): marihuana, hachís.

c. Inhalantes: disolventes y *poppers*.

¿Qué es un "viaje"?

Es el periodo de alucinaciones producido por drogas trastornantes. Muchos jóvenes se drogan para tener un viaje, pero éste puede ser placentero o espantoso.

¿Qué es el "bajón"?

Cuando pasa el efecto de una droga, el organismo tiene una reacción contraria, intensa y muy desagradable. El bajón es tan horrible, que en ocasiones, la persona vuelve a drogarse con tal de no sentirlo.

¿Qué es una sobredosis?

Es una intoxicación que pone en peligro la vida de la persona.

¿Quién es un drogadicto?

Alguien que ha adquirido adicción física o psicológica a una droga, hace casi cualquier cosa por conseguirla, cada vez necesita dosis más altas (tolerancia), y sufre síndrome de abstinencia si deja de tomarla.

¿Por qué las drogas dañan al cerebro?

Porque tienen estructuras químicas parecidas a los neurotransmisores del cuerpo humano, que al introducirse en el sistema nervioso central ocasionan mal funcionamiento en las sinapsis neuronales y deterioro de las células del cerebro.

¿Cómo se engancha un joven a la droga?

1. Primero es invitado a tomarla y ensaya con las más leves o permitidas (como alcohol, tabaco y pastillas tranquilizantes) hasta que va perdiendo el miedo a usarlas.

2. Experimenta con nuevas drogas o combinaciones.

3. Repite el consumo de una droga, hasta adquirir adicción.

Junto al último recuadro hay un reloj enorme. Veo la hora. Casi son las seis de la tarde.

Itzel y Riky deben estar desesperados, buscándome.

Salgo corriendo. Cruzo la avenida a toda velocidad.

En la plaza, los pintores están levantando sus puestos.

Regreso al local donde dejamos a Riky.

Encuentro a mi prima. Tiene el rostro desencajado por la angustia.

—¡Tu hermano! —me dice con voz punzante en cuanto me ve llegar—. ¿Dónde está? ¿Te lo llevaste tú?

—¡No! —contesto—, lo dejé aquí. Estaba jugando en esa máquina con unos amigos.

—Pues ya lo busqué por todos lados y no está. Desapareció.

12
SUSTANCIAS VOLÁTILES

LA DROGA DE LOS "SUPERHÉROES"

Al inhalar solventes, la persona
se cree "invencible", se emborracha
y tiene alucionaciones.

Entro al local de videojuegos y corro como loco en todas direcciones, preguntando por Riky.

—¡Es un niño rubio de doce años! Estaba en aquella esquina. ¿Lo han visto?

Recibo la misma respuesta una y otra vez. Algunos lo vieron, pero nadie sabe dónde fue.

—Yo ya lo busqué hasta el cansancio —dice mi prima—. No está aquí. Tenemos que ir a la calle. Vamos a separarnos.

—¡No! —digo—. ¡Hagámoslo juntos!

Seguimos preguntando a las personas. Después de veinte minutos, comienzo a sentir una angustia paralizante.

—¡Por favor! —grito—, ¿alguien vio a mi hermano?

Al fin, una de las pintoras que están promoviendo sus cuadros nos dice:

—Yo vi a varios niños que salieron de los videojuegos. Se fueron por la avenida.

—¿A dónde? ¿No sabe?

—A lo mejor a la tlapalería, dando la vuelta en el crucero. Ahí venden pinturas.

—¿Pinturas? ¿Para qué las quieren?

—Juegan a cosas peligrosas como subirse a las bardas para saltar desde arriba, y atravesarse la calle corriendo con los ojos cerrados. Ya ha habido varios accidentes.

—No entiendo.

—¡Los solventes los hacen sentirse poderosos!

—¡Oh, no! —dice Itzel echando a correr.

Voy tras ella.

Apenas damos la vuelta en la esquina vemos venir a un grupo de jóvenes como de quince años. No parecen vagabundos ni pordioseros. Todo lo contrario. Lucen aseados y bien vestidos.

Dos detienen un trapo en su boca, como si no quisieran respirar la contaminación del aire.

Riky camina en medio de ellos.

Mi prima le grita, casi con desesperación:

—¿Dónde andas? ¿Por qué te saliste de donde te dejamos?

Los muchachos, al ver que nos acercamos, le arrebatan a Riky algo de las manos, dan media vuelta y echan a correr en sentido opuesto.

Llegamos hasta mi hermano.

—¿Por qué nos haces eso? —lo sacudo—, se suponía que no ibas a causar problemas. ¡Eres un desobediente!

—Se tardaron mucho, Felipe. Estuve en las maquinitas con unos amigos nuevos y ellos me dijeron que conocían un juego al que le dicen el cohete. Fuimos a la tlapalería a comprar el combustible. Les dije que tenía prisa. Ya sabía que te ibas a enojar si no me veías.

—Riky, ¿te dieron algo para oler? —pregunta mi prima.

—¿Cómo sabes?

—¡Contéstame!

—Sí. Una franela. Dijeron que necesitaba respirar eso para que pudiera sentir los efectos especiales del juego. Yo traté de ponerme el trapo en la cara como ellos, pero me picaba mucho la nariz. En ese momento ustedes nos encontraron.

—¡Riky! —le dije—, estaban tratando de drogarte.

—No es cierto.

—Claro, bruto.

Itzel interviene y se pone en medio de nosotros. Nos abraza por sobre los hombros a los dos. Caminamos de regreso.

Riky le pregunta:

—¿Es cierto lo que dice Felipe?

—Sí, primo. Muchos creen que respirar los vapores en una bolsa de pegamento es costumbre de vagabundos o niños de la calle, pero hay jóvenes de clase media que también lo hacen. Como no quieren "rebajarse" inhalando resistol cinco mil, porque dicen que es "corriente", usan esmaltes de uñas, líquidos para limpieza, pinturas, disolventes como el tíner, aguarrás, gasolina o cemento para unir PVC.

—¡Exacto! —dice Riky—. Eso es lo que compramos. Le dijeron al chavo de la tienda que necesitaban pegar unos tubos.

—¿Y se los vendió?

—Sí.

—¡Es increíble! Está prohibido vender esos líquidos a los niños.

—¿Por qué hacen tanto daño?

—Desprenden partículas volátiles. Si las respiras, sentirás alegría y borrachera, pero al mismo tiempo creerás que eres invencible. Hace rato una señora nos platicó que ha habido muchos accidentes cerca de aquí. Después de inhalar solventes, algunos jóvenes saltan de lugares altos, queriendo volar como Superman o tratan de detener un camión con la mano. Quien se droga con esas sustancias suele tener alucinaciones y salir corriendo sin prudencia.

—¡Y ocasionan adicción! —digo como queriendo contribuir a la nota.

—No física —aclara Itzel—, pero sí psicológica. Cuando le quitan los solventes, el adicto se siente nervioso, deprimido, triste y con miedo.

—¿Estás seguro de que no estuviste respirando esa cosa? —insisto, en tono regañón.

—Ya te dije que no.

Llegamos de nuevo a la plaza de artistas.

Procuro tranquilizarme y le digo a mi prima:

—Vi a Pascual.

—¡Cómo! —me toma por los hombros—. ¿Estás seguro?

—Más o menos... Usaba un disfraz. Se veía horrible... pasó junto a mí, me miró y se fue. Quise seguirlo. Llegué a la tienda de la calavera. Había varios chavos raros . Les dije que deseaba pertenecer a su grupo y estuvieron a punto de hacerme un *piercing*. Apenas pude escapar. No volví a ver a Pascual, pero sí a una compañera de la escuela que se llama Modesta. ¡Ella se perforó la lengua!

—¿Por qué hiciste todo eso tú solo, Felipe?

—¡Andaba buscándote!

Cambia el tono de su voz; vuelve a abrazarnos y camina en medio de nosotros.

—Yo también estuve en esa tienda y comprobé que ahí fue donde Jennifer se hizo la perforación. Es el único sitio en la ciudad donde se ponen aretes y broches grabados con ese símbolo. Se han vuelto populares porque perforan como a treinta jóvenes cada fin de semana.

Llegamos a la avenida.

Riky opina:

—Quiero conocer el lugar de la calavera. ¡Llévenme!

—¿De qué hablas, primo? —dice Itzel—. No sabes la angustia que sentí cuando te perdiste. ¡Yo soy responsable de ustedes! ¿Te imaginas si te pasa algo? Debemos regresar a la casa ya.

—¡No me pasó nada!

—¡Basta! Pongan atención. Si ven un taxi, levantan la mano.

Esperamos.

Junto a nosotros hay un teléfono público. Saco una moneda y la deposito para marcar el número de la casa.

—¿Qué haces? —pregunta mi prima.

—A lo mejor nuestros papás ya llegaron y están preocupados. Voy a avisarles que vamos para allá.

—De acuerdo.

No me equivoco. Contesta mi mamá.

—Hola —le digo.

—¡Felipe! —su voz se torna furiosa—. ¿Dónde fueron? La policía te está buscando.

13

PCP

LA DROGA DE HULK

Produce fuerza excesiva,
agresividad y espejismos;
se queda latente en el cerebro
durante varias semanas.

Mi madre continúa hablándome por teléfono con la voz alterada:

—El comandante necesitaba hacerte otras preguntas. Como no te encontró, cree que te fugaste. Avisó por radio a todas las patrullas. Si te encuentran en la calle, te van a arrestar. Tu padre se puso muy nervioso. Vimos una servilleta que dejaron en la mesa de la cocina donde Itzel anotó el nombre de varias calles en la Plaza de Arte. ¿Andan por ahí?

—Sí, mamá.

—Tu papá fue en el coche a buscarlos, hace como una hora. Está muy enojado.

—¡Llámale a su celular! Dile que no se preocupe. Vamos para la casa. Llegamos en veinte minutos.

Cuelgo el teléfono con gran agitación.

Mi prima y Riky siguen tratando de detener algún coche de alquiler, pero sin que ninguno lo anticipe, un automóvil particular se detiene justo a nuestro lado.

Es mi papá.

Riky da un brinco de alegría y abre la puerta del auto.

—¡Papá! ¿Viniste por nosotros? Estábamos a punto de tomar un taxi.

—¡Suban! —grita sin poder ocultar su enfado.

Empujo a mi hermano para que se apresure. Itzel da la vuelta por enfrente y se sienta adelante.

Papá mueve la palanca de velocidades y acelera. Riky toma la palabra.

—¡Tuvimos una aventura! Hubieras visto. Yo encontré a unos amigos que me invitaron a conocer un juego nuevo al que le dicen *el cohete*, pero no era verdad.

Lo pellizco para que se calle.

—¡Ay! —grita—, ¿por qué...?

Mi prima voltea y nos fulmina con la mirada.

—Felipe —exclama papá—, ¿sabías que el jefe de la policía fue a buscarte?

—Me... me dijo ma... má.

—¿Hablaste con ella?

—Por teléfono. Hace rato.

—Itzel, tú me prometiste que cuidarías a tus primos. ¿Por qué salieron de la casa sin permiso?

—Perdóname, tío —contesta ella—. No sé qué decirte.

—El comandante llevó a un grafólogo —continúa papá dirigiéndose a mí—, para que te hiciera una prueba de escritura, pero ¡no te encontraron! Y ahora sí tenemos problemas. Creen que estás huyendo.

Puedo notar vibraciones de zozobra. Mi prima parece muy abochornada. Se cruza de brazos y agacha la cara.

Papá marca un número desde su celular.

Después de unos segundos, dice:

—¿Comandante? Soy Owin Meneses, el papá de Felipe. Sí, ya encontré a mi hijo. Salió con su prima y su hermano, un rato, a distraerse. Sí. Todo está bajo control. Aquí conmigo. ¿Se lo paso? Un momento —papá tapa el teléfono y me dice—: El jefe de la policía quiere hablar contigo.

Tomo el aparato.

—¿Sí?

—Felipe, ¿dónde andabas?

—Fuimos al parque a caminar.

—Escúchame bien, muchacho. Eres sospechoso de un asesinato, así que mi obligación es ponerte en una casa de arraigo mientras no se demuestre tu inocencia. Pero tu padre me prometió que él se haría cargo de que tú no escaparas. La próxima vez que desaparezcas sin avisar, lo consideraré como una prueba en tu contra.

—Sí, señor.

—Pásame a tu papá otra vez.

Devuelvo el teléfono. No escucho más. Me tapo los ojos y los oídos.

—Dios mío —susurro—, ayúdame. ¿Qué está pasando?

Llegamos a la casa.

Mamá y mi tía se encuentran sentadas, muy serias, en la sala. En cuanto entramos, se ponen de pie y comienzan a regañarnos de nuevo.

Itzel trata de dar explicaciones. Mi tía le grita, preguntándole si no puede estarse quieta.

—¿Por qué siempre te metes en líos, Itzel? —continúa su madre—. Cuando viviste en el extranjero, la policía te detuvo por activar la alarma de incendios de tu escuela, te fracturaste un brazo, hiciste expediciones en montañas e incluso sufriste varios accidentes esquiando. ¡Pero ya tienes diecinueve años, hija! ¿Cuándo vas a madurar?

Mi prima no se defiende. Yo estoy aturdido. Me adelanto y digo:

—Itzel no tiene la culpa —de pronto, sin poder controlarlo, las lágrimas me vencen—, ella sólo quiere ayudarme a salir del problema en el que estoy —agacho un poco la cara y pongo los puños sobre mi frente—. Tarde o temprano todos van a saber que no le hice nada a Jennifer... —articulo entre sollozos—. Yo la quería mucho —hago una pausa; apenas recobro el aliento y sigo—. Cuando me invitó a salir me sorprendió que tuviera un *piercing* en el ombligo y se vistiera así. Por eso quise ir a los lugares donde ella anduvo... —respiro varias veces, luego concluyo—: en realidad no estoy tratando de descubrir quién la asesinó. Sólo intento comprenderla *a ella*...

Mi madre se acerca para abrazarme.

Sigo llorando por un largo rato.

Siento el abrazo tímido de Riky por el lado izquierdo, después la mano de Itzel en el hombro, y la presencia cercana de papá y tía Beky. Mi problema no es únicamente mío, es de la familia entera. No sólo yo estoy angustiado. Todos lo están.

Minutos después, nos separamos y vamos a la cocina a comer algo. Hay una *pizza* tamaño familiar en la mesa. Repartimos las rebanadas sin hablar mucho.

—Qué día más largo —opino.

Mi tía Beky parece en extremo meditabunda... tiene la vista fija. Es lógico que con la muerte de esa joven, le atormenten ideas de un futuro incierto como directora del orfanato. Mamá pregunta:

—¿En qué piensas, Beky?

—Los tres adultos de esta mesa —responde—, también estuvimos a punto de ser atrapados por la droga cuando fuimos jóvenes.

Papá protesta:

—¡Nosotros vivimos circunstancias extremas! Es lógico que hubiera drogadicción en aquel mundo, ¡pero ahora, la droga ha llegado hasta las escuelas de nuestros hijos!

Mi tía Beky vuelve a guardar silencio, como recordando terribles vivencias de su pasado.

—Cuéntanos, mamá —le pide Itzel—. ¿Qué contacto tuviste con la droga?

Toma un poco de agua, aprieta los labios y comienza a relatar:

—Owin y yo somos gemelos; crecimos muy unidos. Pero el destino nos separó al momento en que mamá murió. Mi padre cometió algunos delitos y lo metieron a la cárcel. Owin se perdió en las calles. Yo terminé en un orfanato. Ahí me educaron. Durante muchos años no supe nada de mi hermano. Cuando fui mayor de edad, quise ayudar a papá a salir de la prisión, ¡pero se había vuelto drogadicto! Usaba PCP. Tenía fama de romper las cosas. Era extremadamente fuerte. Le apodaban *Hulk, el Hombre Verde*. Un día, lo vi voltear muchos escritorios y destrozar oficinas enteras en un santiamén.

—¿Hacía eso cuando estaba drogado?

—La fenciclidina o PCP, que él consumía, permanece disuelta en el cuerpo durante varias semanas o meses y, aunque la persona tenga mucho tiempo de no tomarla, puede volver a sufrir alucinaciones o euforia extrema. Eso le pasaba a papá.

—¿Cómo? —pregunto sacando las hojas con el resumen de las drogas—, ¿entonces la sustancia que tomaba mi abuelo lo mantenía drogado por varios días?

—No. Los efectos iban y venían...

Itzel me pide el material impreso que traigo doblado. Se lo doy. Busca con rapidez y comienza a leer en voz alta:

—El PCP se creó como anestésico. Hoy está prohibido y se fabrica ilegalmente; es un polvo blanco cristalino que tiene un sabor amargo. Como es fácil pintarlo, se encuentra en una gran variedad de formas: pastillas, cápsulas y polvos de colores. Puede esnifarse, fumarse o ingerirse mezclado con bebidas. Se vende en la calle con nombres como *polvo de ángel*, *ozono*, *chifladura*, y *combustible de cohete*. El PCP sube la temperatura del cuerpo, produce fuertes palpitaciones, disminuye la sensibilidad al dolor y eleva los niveles de adrenalina. Esto ocasiona una sensación de excesiva confianza, energía ilimitada, y poder. Las personas drogadas con PCP frecuentemente se vuelven violentas. Adquieren mucha más fuerza física de la que tienen, y para controlarlas se necesitan varias personas. Al mismo tiempo sufren alucinaciones, hablan con torpeza y no coordinan sus movimientos. En ocasiones sienten deseos de suicidarse y provocan accidentes graves. Aún después de que pasa el efecto del PCP, las moléculas se esconden en la corteza cerebral, por lo que, varios días o semanas después, la persona suele tener nuevos ataques. Aunque parezca recuperada, la droga alojada en las células grasas del sistema nervioso central produce periodos de insomnio, pérdida de memoria, nerviosismo, ataques de pánico, delirios de persecución y tristeza profunda. Los síntomas por dosis altas se parecen a los de la esquizofrenia. En dosis medias, el PCP produce nauseas, vómito, visión borrosa, movimientos rápidos de los ojos hacia arriba y hacia abajo, babeo y pérdida del equilibrio. Las personas que usan PCP por largos periodos terminan con daño cerebral.

Cuando mi prima acaba de leer, nadie dice ni una palabra por largo rato.

Tía Beky asiente varias veces y dice.

—Ése era nuestro padre. ¿Verdad, Owin? La droga acabó con él, tal como lo dice ahí.

Veo a mamá entre triste y perpleja.

—Yo no sabía esa historia —le dice a su esposo—, creí que tu padre había muerto de... —se detiene a tiempo.

No le corresponde a ella decirlo.

—¿De qué murió mi abuelito? —pregunta Riky.

Papá y tía Beky se miran con turbación. Ninguno de los hermanos habla.

Mamá aprieta los dientes.

En su mente también se agolpan recuerdos dolorosos. Entonces le pregunto:

—¿Y tú, mamá, qué contacto tuviste con la droga?

Sopla como tratando de desahogar una gran presión interna.

—Cuando mis papás se divorciaron —nos cuenta ahora mi madre—, yo me enojé tanto que hui de mi casa. Pero no tenía a dónde ir, así que terminé en un barrio de mala muerte. Alguien me llevó con una mujer que hospedaba a niños de la calle y los obligaba a trabajar para ella. A mí me usó como cocinera. Mis compañeros eran muy vulgares y se drogaban con solventes. Cuando estaban más excitados por la droga se subían a una torre de luz como de treinta metros de altura y se aventaban de clavado, directo a una caja llena de papel y hule espuma. Inhalar solventes hace que los jóvenes se sientan superhéroes.

—Sí —digo echando un rápido vistazo a Riky—, lo leímos.

—A mí me obligaron a arrojarme de la torre una vez —continúa—, y a tu papá también, pero él pensaba y actuaba diferente. Owin me defendía. Nos hicimos amigos. Siempre hablaba de su hermana extraviada, Beky, a quien idolatraba, y todo el tiempo estaba soñando con volver a encontrarla. Un día planeamos escapar de ese lugar y la mujer que nos explotaba escuchó. Entonces, como castigo, nos encerró en dos bodeguitas de basura junto a los chiqueros. El sitio estaba lleno de ratas. Fue la experiencia más horrible de mi vida. Todavía tengo pesadillas al despertar.

Se queda quieta sin explicar más. Mi padre continúa la narración.

—Algunos compañeros nos pasaban bolsas con pegamento por debajo de la puerta para ayudarnos a soportar el castigo. Según ellos, sólo si inhalábamos sustancias volátiles lograríamos tener fuerzas.

—¿Lo hicieron?

—No —contesta mamá—. Owin y yo nos dábamos ánimo a través de la cerca. Dormíamos por turnos. Uno de los dos siempre estaba despierto haciendo ruido con un palo para ahuyentar a las ratas.

Riky se ha acurrucado en mi prima Itzel, quien escucha con un rictus de asco.

Durante la larga pausa tomo las hojas impresas con el resumen de las drogas, que están sobre la mesa, vuelvo a doblarlas y las meto a la bolsa de mi camisa.

—Bueno —dice mi tía, usando voz apesadumbrada—, tenemos que arreglarnos. El cuerpo de Jennifer ya se encuentra en los velatorios. Creo que todos debemos estar presentes ahí.

—¿No es peligroso? —pregunto—, quizá encontremos gente que trate de agredirnos. De seguro muchos piensan que yo soy el culpable de lo que pasó.

—El que nada debe nada teme —dice papá—, es mejor dar la cara que esconderse.

Se pone de pie.

—Felipe y Riky —comenta mamá—, usen traje y corbata. Nos vamos en media hora.

14

BARBITÚRICOS Y BENZODIACEPINAS

LA DROGA DE LOS SUICIDAS

Medicamentos depresivos que causan borrachera y, a la larga, daño cerebral.

Aunque vamos todos en la camioneta de mi tía Beky, rumbo al sepelio de Jennifer, papá maneja y mamá lo acompaña como copiloto. En la segunda fila de asientos están Itzel y mi tía. En la tercera, Riky y yo.

Mi hermano se inclina hacia delante para insistir.

—¿De qué murió mi abuelito?

Papá carraspea y mi tía Beky se queda como estatua. Es algo de lo que jamás han hablado, sin embargo nuestra familia está demasiado dañada por lo que ha pasado, y no vale la pena guardar secretos. Mucho menos si están relacionados con el tema de la droga.

Papá levanta la voz y dice estoico:

—Se suicidó.

—¿Cómo? —pregunta mi prima—. ¿No dijeron que murió por causa del PCP?

—Cuando salió de la cárcel —aclara mi tía—, lo llevamos a una clínica de rehabilitación. Ahí lo desintoxicaron y trabajaron con él, pero para ayudar a sanar a un adicto al PCP se le dan otro tipo de drogas más leves: barbitúricos o benzodiacepinas. Como mi padre se sentía muy culpable de todo el desastre que ocasionó con sus hijos, robó un frasco de barbitúricos y se tomó todas las pastillas al mismo tiempo.

Comienza a lloviznar. Papá enciende los limpiadores. La noche parece demasiado lúgubre.

—Felipe —dice mamá—, revisa esas hojas que tienes impresas con todos los tipos de drogas. A lo mejor ahí encuentras algo sobre barbitúricos.

Papá enciende la luz interior de la camioneta.

—No hay nada con ese nombre —digo.

—Tal vez aparezcan como "medicinas tranquilizantes".

Busco entre los párrafos.

—Sí, tienes razón. Aquí están. ¿Lo leo?

—Adelante.

—Las medicinas tranquilizantes más conocidas son dos. Número uno: barbitúricos.

"Dependiendo de su fórmula tienen un efecto sedante (tranquilizan), hipnótico (inducen el sueño), anticonvulsivo (evitan convulsiones) o anestésico. Durante mucho tiempo los barbitúricos se han utilizado en el tratamiento de enfermedades, pero cuando la dosis se eleva, producen síntomas similares a los del alcohol (borrachera de barbitúrico) y originan una intensa dependencia física. Es común que el uso de estas sustancias produzca la muerte, porque bajan el ritmo cardiaco, disminuyen la presión arterial, hacen lenta y superficial la respiración. El margen de seguridad al tomarlos es muy pequeño, por lo que resulta fácil sufrir una sobredosis. Los barbitúricos son la droga preferida de los suicidas. Tomar varias pastillas equivale a una muerte segura, a veces con un previo *delirium tremens* parecido al del alcohol. En dosis medias, provocan tanta dependencia que el adicto a barbitúricos se convierte en una especie de zombi con ojos perdidos que anda siempre como atontado. Sufren un daño cerebral, por lo que se vuelven torpes, poco inteligentes y de memoria escasa".

—Qué barbaridad —dice mi prima—, esas medicinas son peligrosísimas.

Sigo leyendo el segundo inciso.

—El segundo tipo de tranquilizantes se llaman benzodiacepinas. Aunque menos fuertes que los barbitúricos, también deprimen el sistema nervioso central, alivian la preocupación y dan sueño. Se usan como medicamentos controlados. El más famoso es el Valium. Las dosis altas ocasionan náuseas, confusión, falta de coordinación, pesadillas y cansancio extremo. Producen una fuerte dependencia física y, como su nombre lo dice (depresores), ocasionan depresiones crónicas (tristeza y aislamiento).

Después de un breve silencio, Itzel comenta con aire de exacerbación:

—¡Esto es demasiado! No lo puedo creer.

—¿A qué te refieres? —pregunta su mamá.

—¡Tantas drogas! Tantas coincidencias. ¡Estamos viviendo algo absurdo! En pocas horas hemos conocido y hablado sobre muchas sustancias distintas. ¡Toda mi vida ignoré el tema de las drogas y, de pronto, para cualquier lado que volteo las detecto! Están ahí, afectándonos o amenazándonos —reitera—. ¡Esto es absurdo!

—No, Itzel —contesta mi padre—, lo que ocurre es lógico. En el mundo de la droga hay una regla básica: el que busca encuentra.

—Pues ni Felipe ni yo hemos buscado y siento que caímos en una espiral...

—A ver. Analiza los hechos. Un sujeto dio droga a varios estudiantes de la preparatoria y guardó las pastillas en el casillero de Felipe. Lo inmiscuyó en un delito de narcomenudeo. Luego Felipe salió con Jennifer, una de tus jovencitas quien estaba involucrada en el problema sin que tú lo supieras. Abrimos varias rendijas. El mundo de la droga es avasallador. Sólo necesitas entrar un poco en él para descubrirlo... Repito: el que busca encuentra.

—Sí —agrega mi mamá—, es como cuando usas un microscopio por primera vez. Te asombras al conocer el universo de microbios y organismos diminutos. Si sigues explorando, tu percepción de la vida cambia y te vuelves alerta a lo que antes ignorabas.

Itzel se queda callada. La veo asentir. Es comprensible. Yo tampoco imaginé que hubiera tantas drogas cerca de mi vida. En verdad, hemos abierto una puerta que me hubiera gustado mantener cerrada.

Llegamos a los velatorios.

La lluvia ha arreciado. Bajamos a toda prisa.

En la recepción hay cientos de jóvenes. Prácticamente todos nuestros compañeros de la preparatoria y las niñas del orfanato.

Nos cuesta trabajo pasar entre ellos. Yo saludo a algunos, pero prefiero agachar la cabeza y fingir que tengo prisa.

Llego a la sala donde se encuentra el féretro. Es una caja blanca de tamaño mediano. Me quedo como clavado en el piso sin atreverme a dar un paso más. No puedo asimilar la fragilidad de la vida ni los giros del destino.

Itzel se encuentra a mi lado. Me toma de la mano como para darse o darme fortaleza. Estamos juntos en esta tragedia. Los dos amábamos a Jennifer, los dos sentimos confusión, y culpa por la idea de que quizá otras personas la dañaron por nuestra causa.

—No creo que pueda estar mucho tiempo aquí —dice.

—Ni yo.

Varios compañeros de la escuela comienzan a desfilar hacia el féretro asomándose en la tapa abierta.

—¿Para qué hacen eso? —pregunto con voz baja.

Mi prima contesta:

—Así le dan el último adiós a nuestra amiga. ¿Quieres ir?

Niego con la cabeza.

—Jennifer no está en esa caja. Ella ya se fue.

—Bien dicho. Vámonos.

Dejamos a nuestros padres y a Riky. Camino con mi prima a la sala de al lado. Es el recinto para fumadores. Está lleno de humo. No es posible respirar. De forma automática, damos la vuelta y nos dirigimos hacia fuera, donde está la aglomeración de jóvenes.

Muchos, al verme, se dicen frases cortas al oído. Algunos me miran sin poder ocultar sus sentimientos de odio hacia mí.

Se ha corrido la voz de que yo soy el culpable de esa muerte.

—Vamos a la calle —dice mi prima.

Pero la lluvia cae sin piedad y es imposible salir. Entonces ocurre lo que tanto temía. Una de las amigas de Jennifer se pone frente a mí y reclama:

—Tú la mataste.

De inmediato se suma otra compañera.

—Sí, Felipe. Eres un degenerado. Quisiste abusar de ella. Lo sabemos todo. Usaste droga para seducirla.

—¡Maldito! —grita alguien más—. ¿A qué vienes?

—¿Cómo puedes ser tan cínico? ¡Largo de aquí!

—¡Deberías estar en la cárcel!

—Jennifer no merecía morir así.

—Si te gusta la droga, ¿por qué no te la tomaste tú?

Trato de escapar. Mis compañeros y las chicas del orfanato me arrinconan. Aumentan el volumen y el tono de sus reclamos. Se contagian unos a otros, y comienzan a actuar de forma colectiva como una turba dispuesta a lincharme.

—Alto —grita mi prima, poniéndose frente a mí—. ¿Qué están haciendo?

—¡Él mató a nuestra amiga!

—¡Es un asesino!

Parecen a punto de golpearme.

—¡Basta! —Itzel se ha sonrojado por una mezcla de temor y enfado—, ¡Felipe no tiene la menor idea de lo que le pasó a Jennifer! Está desesperado. Igual que ustedes —la concurrencia embravecida deja de atacar; Itzel es una joven mayor, con gran aplomo y autoridad, al menos frente a las chicas del orfanato, así que la escuchan.

—¡A Jennifer le pusieron GHB en su refresco! —dice una muchachita regordeta—. ¿Quién lo hizo?

—¿Ahora resulta que saben mucho sobre drogas? —contesta Itzel—. A ver. Díganme, ¿cuántos tipos hay, cómo se toman, qué efectos producen?

—¿Para qué nos preguntas eso? ¡Te quieres salir por la tangente!

—No —dice Itzel—. Los jóvenes somos perezosos. Investigamos apenas lo indispensable, y eso cuando ya estamos metidos en problemas. Si en la escuela se habla de drogas, nos mostramos aburridos. Creemos saberlo todo. Odiamos oír consejos de padres y maestros. Siempre les decimos que están exagerando. ¡No sabemos nada sobre drogas a pesar de que vivimos en un mundo donde hay muchas! Algunos las hemos visto y jugamos con ellas. No le damos la importancia que tienen. Creemos estúpidamente que jamás nos afectarán. Pero ya ven —repite—. ¡Sí nos afectan! ¡Felipe no mató a Jennifer! Fue nuestra flojera, nuestra imbecilidad. ¡Todos, y me incluyo, hemos sido irresponsables! Ni siquiera tenemos la menor idea de lo que pasó. Eso sí: seguimos mal informados y nos apuramos a escupirle en la cara a un amigo que está tan asustado como cualquiera de nosotros.

Mi padre y otros adultos logran abrirse paso hasta donde nos encontramos Itzel y yo. Los compañeros han guardado silencio.

—Vámonos —le digo a papá al verlo llegar.

—No, Felipe —contesta—. Tu prima tiene razón. Tú no mataste a Jennifer ni tienes por qué huir. Volvamos adentro.

Regresamos a la sala donde está el féretro.

Agacho la cabeza y me siento en un rincón.

15

EFEDRINA

LA DROGA DE LOS GIMNASIOS

Tiene fama de producto naturista.
Algunos la usan para adelgazar
y otros para aumentar su fuerza.
Todos ellos arriesgan sus vidas.

El lunes voy a la escuela. Modesta no lo hace. Es normal que ella falte, pero quizá se siente mal por haberse perforado la lengua. Para mi sorpresa, nadie habla de lo ocurrido el pasado fin de semana. Los maestros, como pocas veces, se dedican a dar clases con seriedad y los estudiantes, como nunca, escuchamos y obedecemos todas las instrucciones.

A la hora del descanso casi no se ven chicos corriendo por los pasillos ni se escucha el bullicio habitual. La escuela parece aletargada por los efectos de una enorme benzodiacepina imaginaria.

Esa tarde, en mi casa, cuando estoy preparándome para hacer la tarea, veo un papelito sobre la mesa. Lo reconozco. Es el número telefónico del Cadáver. De seguro mamá lo encontró en el bolsillo de mi pantalón y lo dejó ahí antes de llevarse la ropa a lavar.

Me pregunto si podré hacerme amigo de alguno de esos sujetos sin que me obliguen a perforarme el cuerpo. Las tribus urbanas son la mejor pista que tengo para encontrar a Pascual.

Voy a la sala y marco el teléfono. En cada tono de llamada mi corazón se agita. Una voz muy grave me contesta:

—Sí, diga.

Paso saliva.

—Di... disculpe, el sábado estuve en la Plaza de Arte y un joven con maquillaje, vestido de negro, me regaló una rosa; no sé su nombre pero quisiera hablar con él.

—Estás equivocado. En esta casa no hay nadie con esas características.

—Pero él me dio este número.

—Ya te dije que estás equivocado.

El hombre me cuelga. Asiento. Tal vez es lo mejor.

Voy a mi cuarto y guardo el papelito con el número telefónico del Cadáver en la última página de mi libreta de notas.

A las diez de la noche, cuando estamos a punto de dormir, dejo a

Riky en su cama hojeando un libro y voy a la habitación de mis padres. Me despido de ellos y les platico sobre lo que pasó el sábado en la Plaza de Arte.

Les digo cómo fue que creí ver a Pascual, cómo me metí a la tienda oscura y cómo mi compañera Modesta se perforó la lengua. Por supuesto, no comento nada sobre Riky ni sobre la pandilla de jóvenes que quiso darle a inhalar solventes.

Se muestran muy preocupados. Me regañan por no haberles contado todo eso antes y me dicen que son datos importantes para la policía. Les doy la razón. Me disculpo con ellos y me voy a mi cuarto.

Cuando camino de regreso por la sala, suena el teléfono. Contesto de inmediato. Lo que escucho del otro lado del auricular me deja frío:

—Hola... soy el rostro de un ángel caído en la oscuridad.

—¿Quién habla?

—Un cadáver viviente.

—Ho... Hola. Te llamé hace rato...

—Sí, Felipe. Estaba junto a mi padre cuando contestó. Él no sabe que pertenezco a la comunidad de la noche. Sólo mira lo que la luz le deja ver y desconoce lo que las sombras le muestran.

—¿Cómo averiguaste mi nombre y número telefónico?

—Tengo identificador de llamadas; además investigo —su voz suena tranquila; habla con tono bajo—. ¿Qué se te ofrece?

—En realidad sólo tenía curiosidad por tu club. No quiero hacerme perforaciones, pero me gustaría saber más sobre ustedes.

—¿Deseas llevar tu alma hasta el límite de la oscuridad? Sólo cierra los ojos esta noche ¡y siéntelas! Es lo primero que debes hacer, Felipe. La Muerte me acompaña y me protege. Pídele que haga lo mismo contigo... Luego te explico más.

Corta la comunicación. Me quedo varios minutos sin poder moverme. Alguna vez escuché hablar de la Santa Muerte. Le pregunté a mi padre qué era eso, y él me contestó con absoluta seguridad: "Una forma novedosa de satanismo; quienes se encomiendan a ella pagan un precio muy caro".

Regreso a mi cuarto. Riky ya se ha dormido.

Me meto a la cama. Apenas apago la luz, tengo una extraña sensación, como si las sombras me estuvieran observando. No lo soporto.

Tapo mi cara con las cobijas hasta la cabeza.

Me levanto y enciendo la lámpara. Riky se mueve, pero no despierta. Me pongo de rodillas y comienzo a pedirle a Dios que me proteja... Poco a poco, la sensación de tinieblas en el ambiente se desvanece.

Dejo prendida la luz toda la noche.

Al día siguiente voy a la escuela.

En cuanto llego, busco con la mirada a Modesta. Su silla está vacía. Sigue sin asistir a clases.

Aunque en el ambiente del salón todavía se respiran emociones de dolor y confusión de las que nadie habla, poco a poco y de vez en cuando surgen algunas bromas.

A la hora de la salida, veo a Jordy el Zorrillo recargado en un poste. Me acerco. De inmediato percibo su peculiar olor.

—Jordy —le digo—, ¿sabes algo de Modesta? Estoy preocupado por ella.

—No —contesta—, lo sabes, Modesta es muy discreta. ¿Qué le pasa?

—El sábado fui a la Plaza de Arte. Creo que vi a Pascual. Traté de perseguirlo y entré a una tienda donde hacen *piercings* y tatuajes. Ahí la encontré. No me lo vas a creer, pero se hizo una perforación en la lengua.

—¿Modesta? ¿En la lengua? ¡No! ¿Cómo crees? Ella es tímida. ¿Se atrevió?

—No ha venido a la escuela. ¿Lo notaste?

—A lo mejor se le hinchó la lengua —suelta una carcajada—, y se la tuvieron que amputar. No es una gran pérdida —sigue riéndose—. Nunca la usa.

Me siento extrañado por la burla.

—Modesta —pregunto—, ¿no es tu novia?

—¿Cómo crees, Felipe? Tengo malos ratos pero no malos gustos. Fui con ella a bailar al centro nocturno porque me pagó. ¡Así como lo oyes, cuate! ¡Me dio dinero! Lo puso en un sobre. Dijo que era un regalo por mi cumpleaños de hace dos semanas, pero ¿quién regala dinero en los cumpleaños? Sólo los abuelos. ¡Ella quiso comprarme! Sentí lástima y la invité a bailar. Yo sólo quería estar con ustedes y ver a las chavas moverse. Tú sabes. El baile es algo muy sensual.

Estoy asombrado. Casi no puedo creer que el Zorrillo sea tan cínico después de lo que le pasó a Jennifer. Recuerdo que en el baño del lugar él fue quien me habló de los *poppers*, la droga que se inhala para excitarse sexualmente.

—¿Tienes el teléfono de Modesta? —le pregunto—, voy a hablarle para saber cómo sigue.

—Ni idea, cuate. Búscalo en el calendario del grupo que nos dieron a principio de año.

—Claro —recuerdo que ahí hay un directorio con los teléfonos y domicilios de todos los compañeros del salón; lo pegué en mi libreta de notas—. Se me había olvidado.

—Y cuéntame, Felipe. ¿Dices que fuiste a la Plaza de Arte? ¿No te ofrecieron alguna hierba?

—¿Cómo sabes?

—Ahí abundan, cuate. Hay una que se llama efedra. Con ella se hacen sustancias muy fregonas que no son drogas. Sólo te sirven para estar alerta. Las puedes poner en la comida. Te dan energía *rave*. Pero ten cuidado de que tu novia no coma mucha... Ya ves lo que pasó...

—Sí, Jordy... Gracias por los consejos —veo pasar el auto de mamá—. Ya llegaron por mí.

En cuanto subo al coche, saco las hojas con el resumen de las drogas. Busco *efedra* y no encuentro nada. Mamá me pregunta si me fue bien. Finjo tranquilidad y contesto que sí. Llegando a casa voy al Internet e investigo. Hallo varios sitios que hablan de esa sustancia.

Hago un resumen y lo imprimo para leerlo.

La efedra forma parte de una gran familia de plantas estimulantes que crecen en tierras arenosas de climas cálidos. De ella se obtiene la efedrina.

La efedrina es un polvo cristalino blanco parecido a la cocaína pero de composición similar a las anfetaminas. Como proviene de una hierba, tiene fama de producto naturista. Además, se ha promovido como la sustancia natural perfecta para bajar de peso porque acelera el metabolismo, aumenta la energía física, y quita el hambre.

Muchos atletas y fisicoculturistas toman efedrina. Una cápsula de 50 miligramos media hora antes de una competencia le brinda al deportista un aumento del 10% de energía. Por supuesto, está prohibida en el deporte. Actualmente se calcula que hay más de 20 millones de consumidores de efedrina que desean adelgazar, tonificar sus músculos o evitar el cansancio. La efedrina suele combinarse con cafeína y aspirinas para multiplicar sus efectos.

Hoy en día, la efedrina es una droga contenida en algunos medicamentos broncodilatadores y vasoconstrictores, pero su uso libre está prohibido en muchos países. Algunos de los narcotraficantes más peligrosos de la actualidad hicieron una fortuna legalmente vendiendo efedrina cuando aún era permitida. También aparece en medicamentos naturistas para gimnasios en cuyas etiquetas se anuncia con los siguientes nombres: *ma huang*, *chinese ephedra extract*, *ephedra alkaloids*, *ephedra sinica*, *ephedra extract*, *ephedra herb powder*, *epitonin*, *ephedrine*, *squaw tea* o *mormon tea*.

En la calle le dicen *éxtasis herbal*. La Corporación Rand realizó un estudio en febrero de 2003, el cual reveló que se registraron 16 000 casos con efectos secundarios por el consumo de efedrina, como insomnio crónico, temblores, arritmia cardiaca, dolores de cabeza, vértigo y alta presión. También se han registrado varias muertes. En febrero de 2003, falleció el jugador de béisbol Steve Bechler de los Orioles de Baltimore por consumir efedrina.

Cuando dejo de leer, me llevo las manos a la cara y respiro con rapidez. Recuerdo que el viernes, en el centro nocturno, todas mis compañeras estaban muy alegres y extrovertidas.

Muevo la cabeza. Este tema me está causando delirio de persecución. ¿Será posible? El Zorrillo me dijo que él sólo fue a ese lugar para ver moverse a las chicas, porque el baile es algo muy sensual. ¡Utilizó a Modesta de parapeto! Vi sus ojos libidinosos en el baño cuando me habló de los *poppers* y ahora me advirtió de que si le daba efedrina a mi novia debía tener cuidado de que no "se me pasara la mano".

Caramba. La conclusión es obvia. Alguien en ese lugar le puso droga a la bebida de Jennifer. Pudo ser Jordy el Zorrillo. Quizá, incluso le agregó la misma sustancia a la bebida de todas mis compañeras para verlas bailar con sensualidad, pero con Jennifer ¡se le pasó la mano!

Siento que algo se me atora la garganta y no me deja respirar.

16

COCAÍNA

LA DROGA DEL PODER

Polvo blanco que ocasiona
bombazos de euforia.
A la larga arruina a la persona.

El jueves, al llegar al salón, dirijo la vista de inmediato hacia la silla de Modesta, esperando verla vacía otra vez, pero me equivoco. ¡Ahí está mi compañera, encorvada y silenciosa, como siempre!

Camino hacia ella. Se encuentra examinando una lata que contiene algo como crema. Con un dedo, toma el contenido para untárselo en la boca.

La saludo. Se sobresalta. Cierra la lata y la esconde en su mochila.

—¿Cómo estás, Modesta? ¿Por qué no has venido a clases en toda la semana?

Tiene la frente empapada de sudor. Se encoge de hombros.

—¿Todavía traes puesta la aguja?

—Ajá.

—Déjame verla.

Mueve la cabeza negativamente.

—Debes quitarte eso de la boca ahora mismo —le digo entre molesto y preocupado—. ¡No entiendo por qué te lo pusiste!

—Yo ampoco. Fue uj ejjoj.

—Claro que fue un error. ¡Por favor, Modesta! Muéstramelo.

Al fin abre la boca con dificultad. Su lengua se ha puesto gruesa y blanca.

—¡Caramba! ¿Ya fuiste al médico?

Dice que no.

—¿Te duele mucho?

—Congeguí angescesia local. Ejo me ha ayugago.

—¿Traes anestesia local en esa lata?

Asiente.

Entra la maestra de Biología. Pasa junto a nosotros.

—¡Todos a su lugar! Pronto. La clase va a empezar.

Yo no me muevo.

—¿Escuchaste, Felipe? ¡A tu lugar!

—Maestra —contesto—, venga por favor.

—¿Qué pasa?

Cuando la profesora se acerca, Modesta reacciona con una brusquedad inesperada. Por segunda ocasión la veo deshonrar su nombre.

—¡Ejejme em paj! —avienta su libreta al suelo, me empuja con una fuerza increíble y sale corriendo del aula.

Caigo encima de otro pupitre.

—¿Qué ocurre? —pregunta la profesora.

—Tiene un problema —contesto incorporándome—, vea su lengua.

La maestra avanza hacia fuera. La sigo.

Modesta ha llegado al patio y camina en círculos. Mueve los puños de arriba abajo gruñendo una y otra vez.

—Jjj... jjj... jjj... jjj... jjj...

—Cálmate, Modesta —dice la profesora—. ¿Qué te pasa?

—¡Me juele!

—Déjame ver.

Ella respira y abre la boca.

—¡Caramba, hija! Tienes una infección terrible, ¿cómo se te ocurrió perforarte? ¿No sabes lo peligroso que es eso? —le toca la frente—. ¡Estás ardiendo en fiebre! Vamos a llamar a tus papás para que te lleven al hospital de inmediato.

Modesta abre los ojos con expresión de miedo.

—Tus papás no saben nada, ¿verdad?

Ella mueve la cabeza para decir que no.

—¿Estás tomando algún antibiótico?

Como mi compañera no contesta, agrego:

—Sólo se está poniendo anestésico local.

—¡Eso no sirve para nada! Me vas a disculpar, chica, pero necesito informar a tus padres. Es urgente. Aunque no lo creas, tu vida está en peligro.

—Pero, maestra —pregunto—, ¿usted no podría quitarle el *piercing* y darle el antibiótico que necesita?

—No, Felipe. Modesta debe ir al hospital. Hacerse análisis. Una inofensiva aguja usada de forma inadecuada puede causar hemorragias internas o contagiar enfermedades como hepatitis B, C o D, o incluso sida. ¿Han visto a personas mutiladas de algún miembro porque tuvieron infecciones severas, alergia al metal del *piercing* o porque se tragaron la aguja?

—Sí —recuerdo a la mujer de la plaza sin una fosa nasal.

—Las personas que se perforan la lengua sufren, después, dificultad para percibir sabores, deglutir y masticar. Los *piercings* deprimen o fracturan el esmalte de los dientes y adelgazan la tabla ósea. Hay infinidad de hombres y mujeres con abscesos, quistes y tumores en los lugares en que antes tuvieron un *piercing*. ¡Modesta, acompáñame a la Dirección! Necesito hablar con tus padres. Y tú, Felipe, por favor, regresa al aula.

Obedezco. Camino con pasos lentos de vuelta al salón. Al entrar, me doy cuenta de que mis compañeros ya no se sienten atribulados como al principio de la semana. Charlan y juegan a gritos.

Voy hasta el pupitre de Modesta y me agacho para sacar de su mochila la lata de anestésico local que estaba usando. Abro la tapa y me encuentro con algo extraño. No es crema. Es un talco. Lo toco con un dedo y se me queda pegado en la yema. Cuando estoy oliéndolo siento que alguien me jala del suéter por la espalda. Es Modesta. Se ve furiosa. Me arrebata la lata con la mano izquierda y con la derecha me da una fuerte bofetada.

Veo estrellas. Nunca antes había recibido un golpe así. Mis compañeros, primero hacen expresiones de asombro y después se ríen. Modesta sale del salón tan intempestivamente como entró.

Esa tarde voy a casa de Itzel y le platico lo sucedido.

Mi prima se muestra muy preocupada.

—¿Dices que Modesta usaba ese polvo blanco como anestésico local?

—Sí. Se lo estaba untando en la lengua cuando llegué.

—¿Y no parecía nerviosa y hasta un poco agresiva?

—¡Claro! te digo que primero me empujó para salir corriendo y luego me abofeteó. ¡Ella no es así! Dicen que tiene serios problemas familiares, pero eso no la justifica…

—¿Podrá gastar dinero en una droga cara?

—¿Crees que se estaba poniendo…?

—Cocaína.

—¿Cómo?

—La cocaína es un anestésico local. Además provoca sentimiento de grandiosidad y euforia; lo estuve leyendo. ¿Dices que Modesta tenía fiebre y estaba sudando? Pudo ser por la cocaína. Sus efectos son como bombazos de poder.

—Pero esa droga —contesto—, es una de las peores, según sé. Está prohibida en todo el mundo. ¿Cómo pudo Modesta conseguir una lata entera? ¡Eso es imposible!

—Tienes razón —se queda pensando—. Es imposible…

—Además —digo—, ¿a quién se le ocurriría usar cocaína como medicamento?

—Bueno —dice Itzel—, la planta de coca crece de forma natural en Colombia, Perú y Bolivia. En algunas zonas andinas hay condiciones de vida muy difíciles, por eso ciertos indígenas mastican las hojas crudas desde hace cientos de años para fortalecerse.

—Pero fuera de esos casos, nadie más usa la coca como medicamento, ¿o sí?

—Sí. Leí que a fines del siglo diecinueve, cuando un científico alemán extrajo el clorhidrato de cocaína de la planta de coca, la usó como medicamento. La Coca Cola se llama así porque cuando se lanzó, en 1886, contenía la sustancia base de la cocaína, pero diecisiete años después fue reemplazada por cafeína.

—¡Vaya! —reflexiono—, ¿y la cocaína se unta como lo hizo Modesta?

—No. Por lo regular se esnifa. Como es cara, se vende en la calle revuelta con otros ingredientes como talco y jabón. Para esnifarla, se separa en líneas con una navaja o tarjeta de crédito, luego se aspira toda la línea con un popote. Algunos se la inyectan, la comen o la fuman. Esto es más peligroso todavía. Por cada línea esnifada, la persona tiene un bombazo de energía que le dura como una hora. Produce tanta tolerancia que pronto se necesita duplicar o triplicar la dosis. A la larga ocasiona anorexia, irritabilidad, pérdida de peso, insomnio crónico, perforación del tabique nasal, convulsiones, delirio de persecución, impotencia y esterilidad.

—No —digo categórico—, es imposible que Modesta haya traído cocaína en esa lata. Ella es una persona muy noble y hasta insegura. Tampoco creo que tenga dinero para conseguir esa droga.

—Sí —coincide Itzel—, si Modesta consumiera cocaína no podría ocultarlo, porque quien lo hace adquiere una adicción psicológica tan fuerte que pierde todo lo que tiene y arruina su vida. Dijiste que Modesta se siente confundida por la muerte de Jennifer. Pues quizá necesita apoyo. Podrías demostrarle que eres un buen compañero y que no le guardas rencor.

—Tienes razón. Si continúa faltando a la escuela, voy a visitarla.

Itzel me acompaña de regreso a mi casa.

Cuando caminamos por la acera, me dice:

—Felipe... ¿ya te diste cuenta de que estamos en medio de una guerra?

—¿Cómo?

—Nadie nos preguntó si queríamos participar, pero nos encontramos en el campo de batalla. ¡Es la guerra de la droga contra los jóvenes! No podemos vivir desprevenidos. Tenemos que conocer bien el terreno y desarrollar un sexto sentido. ¡Sospechar de todo! Ésa es la razón por la que llegué a pensar mal de Modesta. Debemos permanecer siempre alertas. No es que seamos negativos. ¡Es que estamos en pie de guerra!

Cuando llegamos a mi casa ocurre algo inesperado.

La puerta se abre. Sale un joven apuesto y elegante que se despide con mucha amabilidad de mi madre y de Riky. Luego me mira y se finge alegre por encontrarme.

—Hola, Felipe —me saluda de mano—. Vine a dejarte el libro que me encargaste —guiña el ojo.

—Hola... —contesto sin saber quién es.

Me esfuerzo por reconocerlo. Aunque su físico me parece familiar, es su voz la que en realidad conozco perfectamente.

Como un relámpago siniestro recibo la conexión en mi cerebro.

Es el Cadáver.

17

LSD

LA DROGA ALUCINÓGENA DE LOS “SABIOS”

Viene impregnada en el anverso de calcomanías infantiles. Produce sensación de “todo al revés” y “grandes ideas”.

Increíble. Ese tipo, ahora, no aparenta ni pizca de maldad. Parece el galán de una película juvenil. Pregunta:

—¿La señorita es...?

—Mi prima —contesto.

—Mucho gusto —le da la mano y sonríe.

Itzel, aunque hace unos segundos estaba en pie de guerra, parece haber bajado la guardia ante el coqueteo del advenedizo.

—Yo vendo libros, linda —continúa el Cadáver—. Si alguna vez se te ofrece, Felipe tiene mis datos.

—Gracias —dice Itzel entrando a la casa.

Me quedo afuera unos minutos.

—Mentiroso —susurro—, ¿cómo conseguiste mi dirección? ¿Qué quieres aquí? ¿Por qué no vienes vestido de negro?

—Son muchas preguntas, ¿no crees, Felipín? Una por una. Tu dirección me la dio Riky por teléfono. Le dije que necesitaba traerte un paquete y soltó toda la sopa; quiero ayudarte a conocer el mundo de la noche y no estoy vestido de negro porque yo tengo dos caras.

—Lárgate de aquí, Cadáver. Te lo advierto...

—Ssshh... silencio —pone un dedo sobre su boca—, a los amigos de la noche nos perturban los ruidos altos, y tú no puedes advertirme nada. Si eres inteligente comprenderás que el silencio será tu mejor aliado. Yo puedo hacer que las tinieblas persigan a tu hermano Riky y a tu linda prima.

—¿Me estás amenazando?

—Sólo te informo. No le digas a nadie quién soy —lleva una mano hasta mi cara y me da unas palmadas muy despacio—. Escucha bien lo que te voy a decir, Felipe. Guarda silencio sobre mí y los míos, o te arrepentirás toda la vida.

Se da la vuelta para irse. Estoy temblando.

Abro la reja de mi casa y la cierro. Desde adentro le grito:

—¡No te tengo miedo! Estás enfermo del cerebro. Aunque quieres impresionar, disfrazándote de zombi, sólo eres un mediocre.

El Cadáver se detiene al oírme y regresa. No puede alcanzarme, porque he cerrado la puerta, y la chapa sólo abre por dentro.

Para mi sorpresa, intenta abrir. Como no lo consigue, trepa por los travesaños de la reja y se descuelga cayendo justo a mi lado. Me toma de la ropa y me empuja hasta ponerme contra los barrotes.

—Creí que lo habías entendido entre líneas, imbécil. Pero te lo voy a decir muy claro... —hace una pausa y me escupe en la cara—. ¡Deja de buscar a Pascual!

Se sacude las manos, me arregla la camisa.

Abre la puerta y se va.

Tardo mucho tiempo en reaccionar. Me quedo recargado en la reja sin acabar de asimilar lo que pasó.

Itzel sale de mi casa dispuesta a regresar a la suya. Me encuentra inmóvil, asustado.

—¿Qué tienes, Felipe?

—El tipo que acaba de irse —le digo apenas—, vino a amenazarme... Lo mandó Pascual...

—¿Cómo?

Entramos a la casa. Itzel llama a mi mamá y nos sentamos alrededor de la mesa de la cocina. Pasa por mi mente la idea de esconder la información. No decir nada. Obedecer al Cadáver y así evitar una posible venganza, tal como me lo advirtió, pero recuerdo la regla de mi padre: "Para tener fortaleza y unión familiar todos debemos decirnos siempre la verdad". Así que cuento todo.

Mamá parece muy asustada. Llama a Riky y le hace preguntas.

—Ese joven que dejaste entrar ¿qué trajo exactamente?

—Un libro.

—A ver.

Riky va por él. Lo analizamos. Se ve normal.

—¿Dejó algo más? —pregunta mamá—, ¿no te regaló pastillas, chicles o algo por el estilo?

—Sí —dice mi hermano—. Me obsequió una planilla de estampitas.

—¿Cómo? ¡Tráela!

Riky va y regresa. Es un pliego de papel con veinte caritas felices impresas en color amarillo. Cada figura está enmarcada en un cuadro que puede recortarse.

—¡Dios santo! —dice mi madre, asustada—. No has lamido ninguna de estas figuras por la parte de atrás, ¿verdad?

—No. ¿Qué tienen de malo?, ¡son calcomanías! El muchacho me dijo que si las uso en mis cuadernos voy a tener suerte.

—¡No puede ser! —exclama Itzel—. ¿Te dijo eso?

—¿En qué piensan? —pregunto—. Me están asustando.

—Felipe —dice mi prima—. ¿Tienes las hojas con el resumen de las drogas?

Asiento; voy por ella.

—¿Puedes leer donde dice *LSD*?

Lo hago.

El ÁCIDO LISÉRGICO o **LSD** es una droga muy poderosa que tiene 3 características peculiares:

1. Se vende en estampitas infantiles. Aunque también existen pastillas o gelatina, por lo regular viene impregnado en cuadraditos de papel que parecen calcomanías para niños con la figura de una fresa, un pingüino, una carita feliz, el fantasma Casper, los Simpsons, Superman, o cualquier otro personaje. La droga viene impregnada en la parte trasera de los cuadritos de papel que tienen aproximadamente medio centímetro de lado. Las planillas suelen traer impresas cien estampas. El joven sólo necesita lamer el papel por el reverso y unos treinta minutos después comienza a tener alucinaciones.

2. Provoca que el cerebro trabaje de forma invertida. Las luces fuertes se ven débiles y las débiles, fuertes. Los sonidos altos parecen bajos y viceversa. Los colores se pueden oler y los sabores, oír. Las cosas suaves se sienten ásperas y las rugosas parecen lisas. De la nada surgen imágenes irreales, a veces agradables y a veces horribles. Sus efectos pueden durar hasta dieciocho horas y los espejismos se repiten por sí solos, días después. El LSD produce taquicardia, mareos, náuseas, temblores y locura temporal.

3. Da una sensación de gran sabiduría. Los consumidores de esta droga dicen que bajo sus efectos pueden filosofar intensamente, comprenden los más impenetrables misterios del universo, razonan con gran inteligencia, pierden la noción del tiempo y eso les permite hacer análisis penetrantes e introspecciones profundas. Por eso, en la historia ha habido supuestos genios que estimulan a los jóvenes a conocer la gran "sabiduría" del ácido.

Cuando acabo de leer, nos quedamos contemplando la planilla con caritas felices sobre la mesa.

En ese instante escuchamos ruidos en la entrada de la casa. La idea de que pudiera ser otra vez el Cadáver o alguno de sus aliados, nos roba el aliento. Para nuestro consuelo, identificamos las pisadas de mi padre.

—Hola —oímos su voz—, ¿donde están todos?

—Aquí —contesta mamá—, en la cocina.

Llega hasta la puerta y se detiene al vernos amedrentados.

—¿Qué sucede? —pregunta.

—Siéntate, tenemos que hablar contigo.

18

EL SUBSUELO DE LA DROGA

CÁRCEL SUBTERRÁNEA
A LA CUAL SE LLEGA CAYENDO
POR AGUJEROS EN EL PISO

Papá suspira. Toma con cuidado la planilla de estampitas y la revisa. Es imposible saber si contienen LSD.

—Llevaré esto al laboratorio —declara.

—¿Por qué no vas al hospital de rehabilitación —pregunta mamá—, donde murió tu padre? Ahí son especialistas.

—Podría ser...

—¿Por qué no vas con Felipe, tío? —dice Itzel, y agrega—: creo que a mi primo le haría bien estar a solas contigo.

—Tienes razón, Itzel. Gracias.

A la mañana siguiente me levanto temprano. Tomo un baño y me arreglo. Es viernes. Voy a clases. En la escuela, no dejo de pensar que voy a salir sólo con mi padre esa tarde. En cuanto tocan el timbre, salgo corriendo. Su auto está frente al colegio, esperándome. Subo, lleno de entusiasmo.

El hospital de desintoxicación para farmacodependientes se encuentra bastante lejos. Salimos de la ciudad y tomamos carretera por dos horas. Pasamos a comer algo, y al fin llegamos.

La clínica se encuentra en una montaña, rodeada de árboles. Me sorprende la belleza del paraje.

Bajamos del auto y caminamos hacia el edificio.

En la entrada hay una enorme pintura mural. El autor en persona le está dando los últimos retoques. Nos detenemos a admirarla. El artista, con sombrero y bata de pintor, se da cuenta de que su obra está siendo contemplada por dos visitantes. Se separa de la pared y se acerca a nosotros.

—¿Les gusta? —pregunta.

—Sí... este... espere —papá da unos pasos atrás; lo imito—. Su mural representa un mundo debajo de otro... ¿no es así? Esa línea es como la superficie. Arriba las personas viven normalmente, pero debajo hay una especie de infierno.

El artista asiente muy despacio.

—Sí —sonríe—, la pintura se llama *El subsuelo de la droga*.

—Qué interesante. Me llamo Owin Meneses —lo saluda de mano—, él es mi hijo, Felipe. Es un privilegio poder hablar con un muralista profesional. Traje a mi hijo a este hospital porque ha tenido algunos problemas con la droga... Quiere saber más sobre ella... ¿Le puede explicar a Felipe lo que significa su cuadro?

El pintor parece entre conmovido y halagado.

—Claro —se dirige a mí—. Observa el suelo por el que camina toda la gente en la pintura, Felipe. ¿Qué tiene de extraño?

—¿Hay hoyos por todos lados?

—Muy bien. Cuando las personas se meten a uno de estos hoyos —señala con el dedo—, disfrutan sensaciones agradables: calor, frescura, alegría o relajamiento. Después pueden salir y seguir viviendo... Sin embargo, mira cómo algunos agujeros no tienen fondo; son en realidad pozos de gran profundidad que llevan hacia el subsuelo. La gente ahí abajo muere, y los cadáveres se descomponen produciendo un ambiente fétido. Quien deambula por el interior de la caverna pierde todo lo que tenía cuando vivía afuera. Hay dolor extremo en ese infierno. Muchos hacen esfuerzos sobrehumanos por salir. El que cae en la cárcel subterranea, pocas veces logra ver la luz del sol otra vez.

—¿Es el mundo de la droga? —pregunto.

—Exacto, muchacho. Millones de personas han caído en él sin querer. Mira con atención. Acércate —camino a su lado; mi padre nos sigue—. Ve cómo existen cuatro tipos de agujeros en el piso. Están pintados de distinto color.

—Sí —comento—, ya los veo.

—Son las cuatro clases de hoyos socialmente aceptados: alcohol, cigarro, bebidas energizantes y pastillas medicinales. Los hoyos del primer tipo, ***alcohol***, tienen distintas profundidades. Estos pequeños son de cerveza, rompope o vino de mesa; éstos, más profundos son de *brandy*, *whisky* o vodka. Los agujeros del segundo tipo, ***cigarro***, también tienen distintas profundidades. Estos pequeños son de tabaco *light*, y estos largos son de cigarros sin filtro, puros o pipa.

—Qué interesante —dice mi padre—. Déjeme interpretar los hoyos del tercer tipo. El de las ***bebidas energizantes.*** Estos cortos son de refrescos con cafeína, café expreso, líquidos del tipo Red Bull, Dark dog, Bost, Adrenaline y, estos más profundos, son de tés con efedrina o mezclas de refresco con anfetaminas.

—Muy bien —dice el pintor—. A ver, tú, Felipe. Explícame los hoyos del cuarto tipo, las ***pastillas medicinales.***

—¿Estos, pequeños —señalo preguntando—, podrían ser remedios para el insomnio y estos más profundos, barbitúricos o rohipnol?

—¡Muy bien! —aplaude.

—¡Cuántos detalles puede haber en un mural! —exclamo con legítimo asombro.

—Sigue observando, hijo. Ve cómo las personas no se conforman con meterse en agujeros pequeños. Por culpa de un fenómeno llamado *tolerancia*, entran a hoyos más profundos cada vez. Si te fijas, todos los agujeros pueden ser tan hondos que pierden el piso y llegan hasta el subsuelo...

—Entonces cualquiera puede caer —razono.

—¡Cualquiera, Felipe! Es verdad que un joven proveniente de una familia desintegrada o disfuncional es más propenso a caer en drogadicción, pero el problema principal es el terreno en donde vive. Mientras más agujeros haya en su entorno, más fácilmente acabará en el subsuelo. ¡Y es lógico!, ¿no crees? Cuando alrededor de un joven todos toman, fuman, consumen sustancias energizantes o pastillas, él se familiariza y entra a los agujeros por imitación o invitación.

—¿Está diciendo —pregunto—, que las personas normales podrían ser drogadictas sin que lo sepamos?

El pintor asiente.

—Mira, hijo. Todos imaginamos que los drogadictos ven elefantes rosas volando o están perdidos en un universo de inconsciencia.

Esto no es así al principio. El drogadicto en ciernes es perfectamente normal. Toma alcohol, taurina, altas dosis de café y algunas pastillas que producen borracheras inocentes. Ha perdido el miedo a meterse en los hoyos porque ahí están sus papás, sus tíos, sus primos y sus amigos. Todos lo saludan, le sonríen y lo incitan a probar más. Quien consume drogas es una persona común y corriente. Se parece demasiado a ti y a mí. Sólo que se metió en hoyos cada vez más profundos. Cuando se encontró, por ejemplo, con una pastilla de éxtasis o un frasco de GHB, sus conocidos le dijeron frases como "el café es más dañino que esto", "el alcohol es más fuerte" o "pruébalo, verás que te sentirás mejor; es medicina". Entonces se atrevió...

No me he dado cuenta de que tengo la boca abierta. El concepto ha quedado muy claro. Ahora entiendo por qué mi papá me dijo que la información clara es mi mejor arma defensiva.

—¿Cómo es que siendo pintor, sabe tanto sobre drogas? —pregunta mi padre.

—Porque además hago algunas otras cosas en mis tiempos libres. Por ejemplo, dirigir este centro de salud.

Quedamos asombrados.

—¿Usted es el director del hospital? —pregunta papá.

—Para servirles —saca una tarjeta de su bata y nos la da—. ¿A qué debo el honor de su visita?

—A Felipe le regalaron esta planilla de calcomanías. Sospecho que contienen LSD. Deseamos que la analicen en su laboratorio. También quisiera pedirle permiso para hacer una visita a los pabellones de recuperación. Quiero que mi hijo vea un poco la realidad de ese infierno que usted dibujó en la pared.

—Adelante —dice el director del hospital—, vayan al fondo del pasillo. Ahí está la recepción. Pida que envíen esto al laboratorio y soliciten una visita guiada. Muestre mi tarjeta. Diga que yo los recomiendo.

—Muchas gracias.

Caminamos hacia el interior.

Papá se dirige a la secretaria.

Me detengo. Veo a una mujer que va pasando.

—Oh —digo sonriendo—. ¡Qué casualidad!

Es la joven que fue vestida de blanco a la tienda de tatuajes y se hizo un *piercing* en el ombligo.

—¡Hola! —le obstruyo el paso—. ¿Qué haces por aquí?

—¿Disculpa? —me dice—. ¿Te conozco?

—Claro —estoy seguro—. ¡Hace ocho días nos vimos! Te pusiste una aguja en el abdomen y casi te desmayas. Yo te sostuve. Luego salimos juntos de la tienda y corrimos hasta el Museo de Arte. Ahí nos separamos.

—¡No sé de qué me hablas!

Dudo un momento... La analizo bien. Es una chica muy agraciada. Su rostro resulta difícil de olvidar. Detrás de ella hay dos hombres morenos de estatura descomunal.

Insisto:

—¿Tú no te pusiste un *piercing* en el ombligo el sábado pasado?

—No.

—¡Sí lo hiciste! ¿Por qué lo niegas? ¡Eres tú!

La joven se siente acosada y con total desparpajo se levanta un poco la blusa; me muestra su abdomen.

Está limpio. No trae aguja alguna ni parece, a simple vista, que su piel esté perforada.

—¿Tienes una hermana gemela?

—No.

—Perdón, señorita. La confundí con otra persona...

—Ya veo...

Camina seguida de sus dos guardaespaldas.

19

NARCÓTICOS

LAS DROGAS DEL PARAÍSO QUE SE CONVIERTE EN FUEGO ETERNO

Derivados del opio.
Son terriblemente adictivos.

Papá llega a mi lado. Acaba de dejar la planilla de estampitas en el laboratorio y viene acompañado de un médico muy moreno.

—Felipe, te presento al doctor Ornelas. Él nos llevará por las diferentes salas del hospital.

—Mucho gusto.

Caminamos.

—En este recinto —nos explica el doctor cuando pasamos junto a un muro de cristal—, se imparten conferencias. Como pueden ver, los internos que han vencido el síndrome de abstinencia conviven juntos para darse ánimos, y todos los días reciben una plática de superación.

Veo a los drogadictos. La mayoría son personas demacradas, flacas, con los párpados hundidos y postura encorvada.

Seguimos caminando. Llegamos a una zona restringida. El guardia del acceso exige que firmemos un libro de registro.

—Estamos entrando —dice el doctor—, al Pabellón de adictos a narcóticos. Es una de las áreas más impresionantes.

Se escuchan gritos y gemidos provenientes de diversos puntos. El largo pasillo parece haber sido lustrado recientemente. Algunas de las puertas de las habitaciones están abiertas.

—Caminen despacio —sugiere el doctor—, verán cómo a ciertos internos necesitamos sujetarlos.

—¡Los amarran! —exclamo—, ¿por qué?

—Quienes son adictos a derivados del opio, como la heroína, se desesperan tanto cuando no tienen su droga que son capaces de hacer cualquier cosa por obtenerla. En la calle roban, se prostituyen, venden todo lo que tienen o dañan a otros. Aquí adentro gritan, dicen mentiras o se ponen violentos. Y es que este tipo de drogas se vuelven parte de la química del cuerpo. El síndrome de abstinencia conlleva intensos dolores, sudoración, escalofríos, diarrea y convulsiones. Los narcóticos son de las drogas más adictivas que existen. Probarlos unas cuantas veces ocasiona dependencia.

—¿Le llama *narcóticos* a los derivados del opio? —pregunta papá.

—Sí. Aunque su origen real es la planta de amapola. ¿La conocen? ¡Tiene una flor hermosa, que se usa como adorno! Al cortarla en el centro sale un líquido lechoso que se oscurece y seca al contacto con el aire, luego se pulveriza para elaborar el opio. Del opio se obtienen varias sustancias llamadas *opioides* o *narcóticos*. Los más conocidos son: heroína, morfina, codeína, fentanilo y metadona.

—Pero la morfina y la codeína —pregunta papá— ¿no se usan desde hace muchos años como medicamentos para evitar el dolor?

—Sí. A los pacientes desahuciados con dolores graves se les dan narcóticos.

—¿Y esas drogas son comunes entre los jóvenes?

—Hace algunos años dejaron de serlo porque los muchachos les tenían cierto temor. La heroína se inyecta por alguna vena y causa estragos inmediatos. Eso asustaba a los jóvenes, además, no querían arriesgarse a contagiarse de sida al compartir jeringas. Los adictos a narcóticos tenían fama de ser personas perdidas, moribundas, tiradas en sucios callejones. Hoy las cosas están cambiando, pues se ha puesto de moda esnifar o fumar la heroína. Esto produce los mismos daños pero más lentamente. ¡Y los jóvenes se están atreviendo a probar! El adicto a heroína ahora podría ser un adolescente de quince años, limpio, bien vestido, que juega nintendo y disfruta las fiestas. Todos los días aumenta el número de estudiantes que se vuelven adictos a los derivados del opio. Muchos terminan aquí. Otros mueren.

No puedo evitar la tentación de preguntar:

—¿Por qué los narcóticos son tan famosos y se usan tanto?

—Porque los derivados del opio causan una sensación maravillosa que no se puede comparar con nada conocido en la vida normal —explica el médico—. Bajo sus efectos, todo dolor físico o mental desaparece por completo. A la persona le invade una oleada de bienestar absoluto. Se siente tan bien que se ama a sí misma como nunca antes; entra en un estado de trance, no quiere hablar con nadie y sólo desea disfrutar y permanecer en ese "paraíso" para siempre, pero después de dos horas aproximadamente empieza el fuego: depresión, náuseas, paranoia, vómitos, sudor frío, parálisis. A la larga, los narcóticos debilitan el sistema inmunológico y el consumidor enferma por cualquier virus o bacteria. Los adictos a la heroína también suelen mezclar varias drogas. A la unión de heroína con cocaína se le llama *speed ball.* Es devastadora. En algunos casos los adictos esnifan o se inyectan tanta cantidad de narcóticos, que tienen convulsiones, colapso respiratorio y muerte cerebral.

No atino a decir nada. Seguimos caminando.

Pienso que el submundo dibujado por el director de ese hospital no es nada comparado con el infierno real que viven los drogadictos.

Algo extraño aparece ante nuestros ojos al dar la vuelta en la esquina del corredor.

Hay una banca de madera, con alguien sentado en ella.

Una mujer agachada se tapa la cara usando ambas manos. Parece muy triste. Sus dos guardaespaldas están parados al final del corredor, cuidándola, pero a la vez dejándola sola con su dolor. ¡La joven que confundí hace rato!

Se escuchan gritos y golpes en uno de los cuartos. Las enfermeras piden ayuda. El doctor Ornelas corre.

—Disculpen —se excusa—. Espérenme aquí.

La chica de la banca levanta la cara. Los ruidos continúan. Dos médicos más entran corriendo. Después de un rato, parecen controlar al causante del zafarrancho.

Mi padre y yo nos sentamos en la banca muy despacio. Papá saluda a la joven:

—Hola.

—¿Qué tal? —responde ella.

—¿Usted es familiar de un paciente?

—Sí... —admite—, pero en este pabellón hay mucho sufrimiento. ¿Saben lo que hacen para ayudar a los internos? ¡Les dan más droga!

Del mismo tipo, pero menos fuerte. Sustituyen una adicción por otra...

—¿De verdad?

—Sí. La persona que yo vengo a ver era adicta al fentanilo. También le dicen *China blanca* o *México brown*. Un narcótico mucho más fuerte que la heroína. ¡Se está muriendo por la desesperación de drogarse! ¿Saben qué hacen los médicos para calmarlo? ¡Le inyectan metadona! ¿Lo pueden creer?

—Quizá es el procedimiento correcto...

—Sí —hace una pausa y voltea a vernos—, y ustedes ¿a qué vienen?

—Estamos haciendo una visita de tipo cultural —dice mi padre—. Mi hijo quiere saber más sobre las drogas.

—Pues yo he investigado mucho —contesta la mujer con profundo desánimo—. Soy una experta, si necesitan algo.

No puedo apartar de mi mente la idea de que es la misma joven que conocí, así que digo:

—También estamos aquí porque hace ocho días falleció una compañera de la escuela llamada Jennifer. Ella se hizo enemiga de un tipo que vendía *speed*. Yo salí con Jennifer a un centro nocturno y alguien le puso droga a su refresco. La policía quiere culparme a mí. Así que andamos buscando al vendedor de anfetaminas. Creo que pertenece a una tribu urbana. Por eso anduve en la tienda de tatuajes y *piercings*...

La joven me mira con profunda curiosidad. Está asombrada de todo lo que acabo de decirle.

Suena el teléfono celular de mi padre. Lo contesta.

De inmediato se pone de pie.

—¿Itzel? —pregunta con extrañeza—. ¿Eres tú? —se tapa el oído libre con una mano—, ¿estás bien? ¡Casi no te oigo! —vuelve a guardar silencio tratando de descifrar el mensaje de mi prima—. ¡Itzel! No llores. ¿Dónde dices que estás? ¡Itzel!

Mi padre se queda estático. Luego mira el teléfono con desconcierto y vuelve a colocarlo en su cinturón.

—¿Qué pasa? —pregunto—, ¿era mi prima?

—Sí. Me comentó algo así como que había ido a investigar... pero se oía muy lejana.

—¿Qué más?

—Dijo que... estaba encerrada y no la dejaban salir.

El teléfono suena otra vez.

Papá contesta de inmediato.

—¿Itzel? ¿Dónde estás?...

Mi padre palidece.

—Cortó —susurra sin acabar de creer lo que está sucediendo—, me pidió ayuda. Gritó que la habían raptado.

Durante varios segundos nadie habla.

Itzel no quiso acompañarnos al hospital porque tenía planeado hacer algo. Quizá fue a buscar al Cadáver o a Pascual...

—Secuestraron a tu prima —confirma papá.

La joven sentada en la banca se pone de pie y levanta la mano. De inmediato los dos hombres que la cuidan se acercan a nosotros.

—Usted, Santiago —le dice al más alto de sus guardaespaldas—, acompañe al señor y a su hijo. Tienen un problema y necesitan protección.

—¿Por qué? —pregunta mi papá—. No se moleste.

—Mire. Yo provengo de una familia adinerada. Sé lo que es tener a un ser querido en peligro por la droga. Santiago fue terapeuta de Drogadictos Anónimos. Tiene toda la experiencia del mundo en este tema. Ahora trabaja para mi padre. Conoce muchos lugares que quizá ustedes quieran visitar y gente que podría ayudarles. En los últimos meses, hemos recorrido un camino muy largo y difícil. ¿Verdad, Santiago?

El guardaespaldas dice que sí.

En ese momento el doctor Ornelas aparece en el pasillo.

—Acaban de llamarme del laboratorio —dice sonriente—, la planilla que trajo no tenía LSD.

—Gracias... —mi padre avanza para decirle que debemos irnos, pues acaba de surgir un imprevisto urgente.

Observo a la joven.

Ella agacha la cabeza y levanta su blusa un poco, otra vez para mostrarme algo.

Hace rato no lo traía, pero se lo ha vuelto a poner.

En medio del ombligo tiene una aguja plateada con broche de metal.

20

ALCOHOL

LA DROGA “CULTURAL” QUE SIRVE DE PUERTA

Entrada para las demás drogas; produce más daño social y familiar que ninguna.

Salimos a toda prisa del hospital. Ya ha comenzado a oscurecer. Cuando vamos corriendo hacia el auto, le pregunto a mi padre, jadeando:

—¿Por qué no le llamas por teléfono a mamá o a la tía Beky para ver si ellas saben algo?

—Sólo las preocuparía.

—¿Recuerdas nuestra regla familiar? —insisto—. Para permanecer fuertes y unidos debemos decimos la verdad de todo lo que nos pasa.

—Tienes razón.

Casi al llegar al auto, papá marca su teléfono. Lo hace despacio, como dándose tiempo para recuperar el aliento.

—¿Lorena? —pregunta—, soy yo. Owin. ¿No recibiste una llamada de Itzel? ¿Sí? ¿Cómo?... ¿Qué dijo? ¿Mi hermana está ahí?... ¡Tranquilízate! ¿Ya le hablaron a la policía? ¡Pues háganlo! ¡Pásame a Beky!

Mi padre se queda callado y comienza a caminar. Habla con monosílabos. Trato de seguirlo, pero no entiendo lo que dice. Después de un rato cuelga y regresa al coche.

—¿Qué ocurre?

—Itzel habló a su casa, pero mi hermana no contestó el teléfono a tiempo y su hIja le dejó un recado. Me lo pusieron en el auricular para que yo mismo lo escuchara. La voz de Itzel sonaba muy angustiada. Decía: "Mamá, me encerraron, no me dejan salir. Están fumando. ¡Son muy agresivos! Ayúdame. ¡No! ¿Por qué quiere golpearme? ¡Váyase! ¡Déjeme!". Después se cortó la comunicación.

—¿E... ese fu... fue el re... recado que dejó mi prima?

—Textual.

—No...

—Felipe, ¿dónde pudo ir Itzel?

Estoy tan asustado que no razono. Papá quita la alarma del auto con el control remoto. Santiago, nuestro nuevo guardaespaldas experto en drogas, abre la puerta de atrás.

—¿Usted —pregunta mi padre con cierto desazón—, de verdad quiere ir con nosotros?

—Sí. Puedo ayudar, se lo aseguro.

—No me lo tome a mal —dice papá—, pero yo no lo conozco y me siento invadido en nuestra intimidad. Tenemos un problema muy serio. Preferiría que se quedara. Dele las gracias a su jefa.

—Como guste, señor. Sólo estoy cumpliendo una orden, pero lo que sí puedo decirle es que conozco los lugares donde se reúnen personas que usan drogas. Discotecas y tiendas de mala muerte. También soy amigo de gente que puede darnos información.

—Papá —sugiero—, déjalo venir.

Lo piensa unos segundos.

—De acuerdo —dice al fin—. Suba.

Mi padre conduce el auto a toda velocidad. Lo hace con una mano, mientras llama por su celular con la otra. Se comunica con el comandante de la policía, quien, por lo visto, ya está enterado del problema. Luego vuelve a llamar a mi madre y le recomienda que tenga calma (pues él no la tiene). La señal del celular se pierde. Por fin toma el volante con ambas manos. Suspiro. Santiago también lo hace.

—Piensa, Felipe —me insiste después—, ¿dónde crees que fue tu prima?

Lo he reflexionado y contesto con seguridad:

—A ver a su exnovio.

—¿Perdón?

—Hace como un año ella anduvo saliendo con un muchacho llamado Rodrigo. Es un joven apuesto, pasante de veterinaria, que trabaja por las noches en un centro nocturno...

—¿Lo conozco?

—Sí. Es el portero que me echó la culpa de todo.

—¿Cómo? ¿Itzel conoce a ese sujeto? ¿Salió con él?

—Sí. Es un tipo tramposo y grosero. Le gusta fumar y tomar. En una fiesta dejó que quemaran a Itzel con un cigarro.

—No puedo creer lo que me estás diciendo. ¿Y por qué habría de ir tu prima a buscarlo?

—Porque ella piensa que Rodrigo drogó a Jennifer.

Vuelve a tomar su teléfono y se cerciora de que tenga señal. Marca el número de mi casa.

—Explícale todo eso a tu tía.

Me pasa el aparato. Contesta mamá. Apenas comienzo a hablar sobre Rodrigo, me interrumpe para decirme que la policía ya tiene esos datos y que están dedicados a buscarlo.

La señal del celular es débil y la llamada vuelve a perderse.

Mi padre lanza una interjección de rabia. Disminuye la velocidad. Parece que hubo un accidente en la carretera.

Los autos se han detenido.

—¡Es lo único que nos faltaba!

Avanzamos a vuelta de rueda. Después de un rato, me pregunta:

—Ese tipo, Rodrigo, dices que toma alcohol y fuma, pero ¿también usa drogas?

—No sé —contesto—, Itzel sospecha que quiso darle una pastilla depresora, pero no está segura.

Durante largos minutos permanecemos en silencio observando el impresionante congestionamiento de tránsito.

—Tu prima parecía tan asustada —dice papá—, que si está con Rodrigo y sus amigos, de seguro todos se encuentran drogados o muy borrachos, que para el caso es lo mismo.

La fila de automóviles vuelve a detenerse. Algunas personas salen de sus coches para asomarse. Nadie entiende el porqué del atasco.

Pregunto:

—¿Es igual estar drogado que borracho?

—Técnicamente, sí.

—¿Entonces el alcohol es una droga?

—Tú contéstame. ¿Cuál es la definición de *droga*?

—No me acuerdo bien. ¿Algo así como que las moléculas viajan al cerebro y actúan sobre él alterando sus sensaciones y cambiando la conducta?

—Más o menos. Con base en eso que dijiste, ¿el alcohol es una droga?

—Tal vez, pero hay mucha gente que se va a enojar si decimos que lo es.

—Pues debemos ser objetivos, aunque algunos se molesten. Para saber si algo es una droga hay que responder dos preguntas. Primero: ¿Es una sustancia no alimenticia que produce tolerancia y a veces adicción?

—He oído —respondo—, que el alcohol es alimento.

—El alcohol tiene exceso de calorías huecas que sólo producen obesidad. Sus complejas moléculas tardan horas en ser procesadas por el hígado, pero no posee propiedades nutritivas y *sí* produce dependencia y tolerancia. La primera pregunta se contesta con un sí rotundo. La segunda: ¿Actúa molecularmente sobre el cerebro alterando las sensaciones físicas o psicológicas y cambiando el comportamiento de la persona?

—Sí... ¿rotundo, también?

—¡Claro, Felipe! El alcohol traspasa la pared del estómago en segundos. Va directo al cerebro para deprimirlo. Entonces, los reflejos de la persona bajan, su razonamiento se vuelve torpe y pierde sus frenos de precaución y prudencia. Por eso, después de tomar, nos sentimos atrevidos, decimos chistes, bailamos y hacemos comentarios tontos. En mayores cantidades, el alcohol deprime el sentido del equilibrio. Cada vez que el alcohol entra al cerebro, causa daños. Las neuronas se mueren. Con los años, el bebedor pierde inteligencia, memoria y facilidad de hablar.

Por el acotamiento del carril contrario avanza una fila de patrullas y ambulancias. Las luces y ruidos de las sirenas nos ponen nerviosos.

—Si esto sigue así —comento—, tardaremos horas en llegar a la ciudad.

Durante mucho tiempo estamos callados. Parece que esa noche será muy oscura. Pienso en Itzel. En este momento puede estar en peligro. Agacho la cara y le pido a Dios por ella. Papá mira su celular con desesperación. No tiene señal.

Para tratar de distraerme, retomo el tema.

—¿Por qué —pregunto—, una droga tan dañina como el alcohol es legal?

—Porque la fermentación de frutos y granos se descubrió hace miles de años. Egipcios, romanos, griegos y hebreos usaban y abusaban de los líquidos fermentados que producen alcohol —contesta mi padre—. El alcohol es una droga que ha acompañado siempre a la humanidad. Se ha heredado de generación en generación. Dicen que es "cultural". Además, todos los gobiernos del mundo reciben mucho dinero por la producción, venta e impuestos que genera esta droga. Miles de millones de personas la consumen, y cerca del 20% de la población del mundo es adicta a ella... Por todo eso es legal.

—En conclusión... —digo—, ¡el alcohol es una droga!

—Así es —confirma papá con cierta vehemencia—. ¡Repite esa frase mil veces en tu cerebro hasta que te quede grabada! "El alcohol es una droga... El alcohol es una droga".

—Pero ¿entonces toda la gente que toma una copa es drogadicta?

—No. Un drogadicto es quien tiene adicción y necesita su droga de forma continua para vivir. La persona que toma una copa no necesariamente es drogadicta, pero sí está tomando droga. ¿Verdad, señor Santiago?

El hombre responde halagado de que mi padre lo haya tomado en cuenta:

—Sí —dice con voz grave—. Aunque la Organización Mundial de la Salud asegura que el alcohol es la droga de entrada, porque funciona como puerta. O, como lo diría el director del hospital, es el agujero en el piso que se rompe y nos lleva al subsuelo con más frecuencia.

—¿Usted también ha visto la pintura? —pregunto.

—Muchas veces.

—Su jefa nos comentó que tiene una gran experiencia y conocimientos sobre estos temas. ¿Qué más puede decirnos sobre el alcohol, Santiago?

El hombre se suelta hablando:

—Como las mujeres tienen menos agua y enzimas para metabolizar el alcohol en sus cuerpos, ellas acumulan mayor concentración y los efectos les resultan varias veces más graves. Sin necesidad de usar drogas ilegales como rohipnol o GHB, los hombres emborrachan a las mujeres para desinhibirlas y seducirlas. Muchas violaciones, embarazos no deseados y contagios de enfermedades venéreas ocurren porque hay alcohol de por medio. Los novios que beben alcohol son mucho más propensos a tener relaciones sexuales. Las bebidas dulces o efervescentes preparadas con alcohol nos inducen a tomar mayores cantidades. La persona a quien se le pasan las copas se vuelve impertinente, impulsiva y ególatra; no necesita estar cayéndose o vomitando para que su conducta cambie. El alcohol es el principal agente de accidentes automovilísticos, destrucción de hogares, familias, empresas y fortunas. En cantidades muy grandes el alcohol bloquea el bulbo raquídeo que regula las funciones vitales. Los jóvenes que hacen concursos para ver quién toma vasos completos de alcohol sin detenerse pueden morir al instante por un paro respiratorio. En sobredosis recurrentes se produce el *delirium tremens*, un fenómeno que consiste en alucinaciones graves, por lo regular conformadas por enormes serpientes, arañas, ratas o cualquier otra amenaza que causará pavor y deseos de morir al alcoholizado.

—Vaya —dice papá—, supongo que usted es abstemio.

—Sí, señor.

Al fin parece que hemos llegado a la obstrucción vial.

Un tráiler con doble caja, cargado de refrescos, se volteó en medio de la carretera. Varias grúas hacen esfuerzos por moverlo. El piso está lleno de líquido y cristales rotos. Cuando logramos pasar por el acotamiento, papá acelera a fondo y vuelve a tomar su celular. Hay señal otra vez. Mamá contesta.

El rostro de mi padre se ilumina por un momento, luego parece decaer mientras escucha. Se disculpa por no haber llegado todavía. Sí. Ya sabe que son casi las once de la noche. Explica que hubo un accidente en la carretera y llegaremos a la casa en treinta minutos. Cuelga.

—¿Qué pasó? —pregunto.

—La policía capturó a Rodrigo, el portero del centro nocturno, cuando llegó a trabajar —me explica—. Fueron a su casa para revisar cada habitación. ¡No había nada! El tipo vive solo. Hallaron muchas botellas de licor y revistas obscenas, pero no había droga ni rastros de Itzel. Nadie sabe quién la raptó.

21
ÉTER EN EL HIELO

FORMAS DE ADULTERAR LAS BEBIDAS ALCOHÓLICAS

La droga legal y barata
es el negocio del siglo.
Cada vez hay más muerte de jóvenes
por alcohol adulterado.

Llegamos a la casa en menos de media hora. Bajamos corriendo del auto. Afuera hay una patrulla con dos policías.

Mamá se encuentra sola. La televisión está prendida con el volumen muy bajo. Mi hermanito se ha quedado dormido en el sillón.

—Hola, cariño —saluda mi padre—. ¿Ha vuelto a hablar Itzel?

—No. Escuchamos varias veces el recado que dejó, sin entender dónde pueda estar.

—¿Y Beky?

—Anda con el jefe de la policía. Llevaron a Rodrigo al Ministerio Público para seguir interrogándolo. Él confesó que Itzel lo llamó en la tarde y le preguntó varias cosas sobre Jennifer. Eso fue todo. Estoy muy preocupada.

—¿Ya revisaron el cuarto de Itzel? ¿Hay alguna pista de con quién más pudo haberse comunicado últimamente?

—En su estudio sólo encontraron esta libreta. Me la devolvieron porque es de Felipe.

La tomo para examinarla. Busco con rapidez en la última página. La hojita con el número telefónico del Cadáver ha desaparecido.

—¡Ya sé a quién más llamó! —digo—. Yo tenía un papel aquí y no está. Itzel se enojó muchísimo ayer cuando supo que el Cadáver se saltó la reja para amenazarme. Yo vi la rabia en los ojos de mi prima. Por eso no quiso ir con nosotros al hospital. Quería tomar el asunto por su cuenta.

—¡Eso es una tontería! —exclama mi padre—. ¿Quién se cree esa niña?

Mamá se asoma por la ventana y pregunta:

—¿El hombre que está afuera viene con ustedes?

—Sí, es un amigo; quiere ayudarnos.

—¡Pues hagan algo! El comandante nos dejó a dos patrulleros. ¡Llévenselos! Investiguen dónde está la tribu urbana del Cadáver.

Le hablamos al señor Santiago y le explicamos que necesitamos encontrar a un joven de la comunidad "oscura".

—Hay tres lugares cercanos —contesta de inmediato—, donde se reúnen algunos jóvenes como el que me describe, los viernes por la noche. Los puedo llevar.

—Felipe —dice papá—, quédate aquí. Con tu madre.

—¡No! —respondo—. ¡Yo tengo que acompañarlos! Conozco al Cadáver y vi cómo se disfraza Pascual. ¡Nunca los reconocerán sin mí!

Es evidente que tengo razón. Papá acepta. Habla con los patrulleros. Se comunican con su comandante y reciben la autorización para seguirnos.

Me subo al auto de nuevo. De inmediato recuerdo algo. En mi libreta de notas también tengo el calendario escolar con las direcciones y teléfonos de todos mis amigos... incluyendo algunos no muy fraternos, como Jordy el Zorrillo.

—¡Espera! —le digo a papá, quien ya estaba listo para arrancar el auto—. Tal vez Itzel llamó a otra persona.

Me bajo y voy corriendo con mamá. Le pido la libreta. Busco en las primeras páginas. Hay varios números de teléfono subrayados con lápiz. Uno de ellos encerrado en un círculo. El de Jordy.

—Yo no hice estas rayas —digo—, fue mi prima. Este compañero también es sospechoso —entonces relato lo que el Zorrillo me dijo en el centro nocturno sobre los *poppers*, y los comentarios que profirió sobre lo bueno que era la efedrina para ayudar a las chicas a tener energía *rave*.

Cuando acabo de hablar, papá se muestra sorprendido y me dice con sarcasmo:

—Qué bueno que sigues nuestra regla de platicarnos todo lo que pasa.

—Se lo conté a Itzel...

—¡Claro! Y tu prima, a quien todos tus comentarios le enfurecen, sabrá Dios a dónde se fue a meter.

—No lo regañes —me defiende mamá—, déjenme esta libreta. Voy a hablar con el director de la escuela y con el comandante para que vayan a la casa del tal Zorrillo a investigar. Ustedes averigüen en los centros nocturnos.

Volvemos al coche. Santiago pregunta:

—¿Puedo manejar? Iremos más rápido y es más seguro.

Papá le da las llaves. La patrulla nos sigue.

A los pocos minutos llegamos a un centro nocturno. Está en plena avenida principal.

—¿Aquí? —pregunto—, ¡pero a este lugar llegan jóvenes de dinero! Incluso a mis compañeros de la escuela les fascina. ¿No se supone que íbamos a ir al "bajo mundo", señor Santiago?

—Créeme, Felipe. Este mundo puede ser más bajo de lo que te imaginas.

—¿Pero los miembros de esas tribus vienen aquí? —pregunta papá.

—Algunos... Compruébelo.

Santiago le da las llaves del auto a un conocido suyo que sale a saludarlo. Los policías se quedan dentro de su patrulla.

Pasamos al lugar sin ningún problema. Santiago camina con desenvoltura y autoridad. En el interior vemos cómo decenas de parejas se besan, bailan y toman. El alcohol es el motivo y centro verdadero de la fiesta. Hay una larga fila de personas bajo un letrero fosforescente que dice "Barra libre".

Casi todas las chicas llevan vestidos muy cortos y escotados. Los hombres traen camisas abiertas. Sólo después de unos minutos identifico a los tipos con indumentaria negra y peinados extravagantes. En medio de la estridencia no llaman la atención.

Santiago se detiene y le hace una seña a mi padre para que haga lo mismo. Luego me indica con las manos que camine y observe. Los adultos se quedan rezagados. Yo me muevo entre las mesas mirando para todos lados. Como soy un joven, no causo sospechas. Veo a un joven dándole a otro una cajita con pastillas de colores.

No hay ninguno de los hombres sombríos que conocí en la tienda de *hot topics*.

Regreso con mi padre. Me acerco a su oído y grito:

—Nada. Vámonos.

Pasamos por la "barra libre". Hombres y mujeres parecen a punto de caerse.

En la calle, Santiago pide el auto a su amigo. Casi de inmediato se lo traen. Les dice a los policías que iremos a otro lado.

—¿No viste a nadie conocido? —me pregunta cuando vamos en camino.

—No —contesto—. Esos jóvenes disfrazados más bien eran bastante *lights*. Los que buscamos son verdaderos esperpentos salidos de las tinieblas...

—Muy bien. Ya sé a dónde llevarte. No está lejos.

Papá permanece meditabundo. Luego dice:

—¿Se fijaron en cuántos muchachos borrachos había?

—Sí —responde Santiago—, lo malo es que a veces, en los centros nocturnos, adulteran las bebidas. Los dueños mezclan las botellas con alcohol barato. El truco es siempre dar copas a bajo costo.

—Eso es muy peligroso.

—Claro. Han muerto jóvenes y otros han quedado ciegos a causa del alcohol adulterado. Por eso, el gobierno hace inspecciones y clausura los negocios que adulteran bebidas. Lo malo es que ahora en los lugares donde hay barra libre les ponen éter a los hielos. ¡Y nadie inspecciona los hielos!

—¿Éter? —pregunta papá—, ¿qué hace el éter con el alcohol?

—Lo potencia. Él éter es un anestésico, un depresor del sistema nervioso, que mezclado con alcohol ocasiona una borrachera tremenda casi de inmediato. Así, aunque los jóvenes quieran tomar varias copas, apenas con dos o tres quedan en la lona. Cada semana llegan al pabellón de servicios forenses jóvenes muertos por paros cardiorrespiratorios a causa de estas mezclas depresoras.

—¡Éter en el hielo! —repite mi padre como pensando en voz alta.

—No se imagina lo común que es... Cuando lo prohíban, de seguro los comerciantes encontrarán otra forma de seguir vendiendo alcohol a bajo costo. La droga legal y barata es el negocio del siglo.

Llegamos a otro centro nocturno. Esta vez se trata de un lugar más escondido. Santiago no intenta hallar amigos que le reciban el auto. Conduce hasta la esquina y se detiene frente a un garaje. Baja el vidrio y le dice al patrullero:

—Dejaré el coche aquí. Esa casa está abandonada. Ustedes vayan a la puerta del lugar. No estaría mal que preguntaran por radio si hay alguna patrulla cerca, por si necesitamos ayuda.

Bajamos del auto. Caminamos los tres juntos. Apenas llegamos al sitio, percibimos un ambiente distinto. Se escucha música *heavy metal* tocada por un grupo en vivo. En el acceso hay un hombre espeluznante. Santiago habla con él. Al principio amablemente, después con fuerza. Por lo visto nuestro amigo no es bien recibido, pero su corpulencia y energía le abren las puertas.

—Adelante —nos dice Santiago—. Pon atención, Felipe.

La gente que encontramos es del verdadero clan de las tinieblas. Algo macabro. Papá voltea a verme, impresionado.

—Sí —le digo con voz baja—, este tipo de gente es la que buscamos.

Como es imposible pasar desapercibidos, esta vez no nos separamos. Vamos los tres juntos, en fila, caminando entre las mesas. Varios sujetos se levantan de sus sillas y comienzan a murmurar entre ellos mientras nos observan también. Mi corazón se acelera. Son la misma clase de individuos que vi en la tienda de *piercings*. Se ven grupos con las cabezas rapadas en partes y los cabellos de colores levantados. Al llegar a las últimas mesas noto cómo uno de los más extravagantes agacha la cabeza y se tapa la cara con la mano. Me detengo. Aunque las luces cambiantes me confunden un poco, veo sus botas de charol con agujetas blancas. Son inconfundibles.

—Ahí está —le digo a Santiago—. ¡Es Pascual!

—¿Seguro? —pregunta—. Obsérvalo bien.

El tipo me ha dado la espalda casi. Calculo su estatura y complexión. Tiene que ser él.

—Sí —confirmo—. Estoy seguro.

—Señor Owin —le dice a mi padre—, vaya afuera, por la policía. Tú, Felipe, sé discreto y mira para otro lado.

Hago lo que se me indica mientras papá sale dando algunos traspiés.

Para mi sorpresa y desgracia detecto que alguien más tiene botas de charol con agujetas blancas. Es un joven gordito y bajo de estatura. Luego localizo a otro con el mismo calzado.

Me llevo una mano a la cabeza. ¡No puede ser! Esas botas están de moda... Acabo de acusar a un inocente.

22
ÉXTASIS

LA DROGA DE LA FELICIDAD Y EL AMOR

Droga sintética que causa alucionaciones, choque térmico, depresión posterior y daño mental.

En ese instante, el joven que señalé se pone de pie e intenta dirigirse a los sanitarios. Santiago avanza a toda prisa y lo detiene por el brazo. Comienzan a discutir.

En un santiamén nos rodean varios sujetos dispuestos a defender a su compañero.

El escenario es intimidante.

Entra la policía a toda prisa. Son seis oficiales, seguidos de mi padre. Por lo visto, los patrulleros hallaron refuerzos cerca. Traen una mano en la pistola, dispuestos a desenfundarla si es necesario.

El hombre a quien acusé levanta los brazos al darse cuenta de que está rodeado.

Sus amigos se hacen a un lado.

Los administradores del lugar no encienden la luz, ni el grupo musical interrumpe su actuación. Permiten que las autoridades saquen al sospechoso como si se tratara de algo rutinario.

Camino en medio del grupo. Estoy temblando. Cuando descubran que señalé a una persona equivocada sólo por su calzado, y porque creí que se escondía de mí, habré hecho el peor ridículo de mi vida.

Ya en la calle, a la luz de las lámparas urbanas, veo que el detenido está maquillado a la usanza de los más excesivos. Un policía le alumbra la cara con su linterna.

—¡Me deslumbra! —se tapa los ojos.

—¿Tu nombre es Pascual?

—Sí.

¿Será posible?

Me acerco para verlo bien. Casi no puedo creerlo. ¡Es él!

Papá le dice a uno de los policías:

—Mi sobrina ha desaparecido. Tenemos la sospecha de que este sujeto sabe dónde está.

No podemos irnos de aquí sin antes buscarla.

—Sí, señor —responde el uniformado—, acabo de hablar con el

comandante y nos indicó que esperemos. Él viene para acá.

A los pocos minutos llegan dos patrullas más. Los cinco autos policiacos le dan a la calle una apariencia espectacular. El comandante baja de la primera patrulla seguido de mi tía Beky y el director de la escuela. Papá abraza a su hermana. Ella le habla llorando, casi a gritos.

—¡Owin! No encontramos a Itzel por ningún lado.

—Cálmate, Beky. ¿Tu hija no tiene activado el localizador? Su celular está apagado.

—Ya fuimos a casa de Jordy Ramírez —continúa mi tía—. Al que le dicen *el Zorrillo*. Es el hijo único de dos médicos. Estaba dormido. Nos dijo que Itzel lo llamó por teléfono y platicó con él de cosas sin importancia. Jordy no dio más datos. Sus padres nos invitaron a pasar. Son gente normal y aparentemente buena. También dimos con Rodrigo y revisamos donde vive. ¡Nada! ¿Qué está pasando? ¿Dónde está mi hija?

—Mira, Beky. Acabamos de atrapar al tipo que debe tener información.

Vemos cómo los policías revisan a Pascual de forma minuciosa. Le encuentran una bolsita con pastillas.

—¿Qué es esto?

No responde. Si vendía anfetaminas en la preparatoria, es lógico suponer que siga haciéndolo afuera.

El comandante toma el paquete de plástico y le pide a su ayudante que alumbre con la linterna.

—Aquí hay una ketamina. Tiene impresa la letra *K*. ¿Tú le diste esto a Jennifer?

—No voy a hablar sin mi abogado —dice Pascual.

El comandante le da una bofetada.

Pascual lanza una maldición. No se lo esperaba.

—¡Respóndeme! ¿Le diste a Jennifer esta droga, sí o no?

—Sólo una pastilla —confiesa—, pero yo no le mandé poner GHB a su bebida.

—¿Cómo sabes que alguien lo hizo?

—Me dijeron.

—¿Dónde está Itzel?

—No sé. Ni siquiera la conozco.

—¡Más vale que me lo digas! ¿Dónde está Itzel?

—Si tanto le interesa, búsquenla en las sombras de la noche.

Todos nos quedamos congelados con su cínica respuesta.

Los policías vuelven a entrar al lugar para registrar cuartos y baños.

Esta vez la música es interrumpida durante unos minutos. Comienzan a salir tipos raros a la calle. Algunos, curiosos de averiguar lo que sucede y otros, dispuestos a huir.

Después de un rato, los inspectores aparecen y dicen a su jefe que no encontraron nada.

—Vámonos. En nuestras oficinas hay personal experto que interrogará a Pascual.

Mi tía Beky y el director de la escuela vuelven a subirse a la patrulla. Papá, Santiago y yo corremos a nuestro auto. Avanzamos en procesión.

Camino al Ministerio Público no hablamos. Llegamos en menos de quince minutos. Son casi las dos de la mañana.

Mi papá, tía Beky, el director y la policía entran con Pascual a los separos. A mí no me dejan pasar. El señor Santiago y yo nos quedamos afuera.

A pesar de mi nerviosismo, el sueño comienza a vencerme. Después de un rato bostezo varias veces. Es desesperante y aburrido estar afuera de las oficinas policiacas. Para no quedarme dormido, platico con Santiago:

—En el primer sitio al que nos llevaste —recuerdo—, pude ver a un grupo de jóvenes pasándose pastillas de colores por debajo de la mesa.

—Era éxtasis —contesta con seguridad absoluta.

—¿Cómo sabes?

—Es la droga sintética más común.

—¿Son pastillas de colores?

—Sí.

—Oí que les dicen *tachas*.

—Por como suena y por su troquelado. Las pastillas de éxtasis vienen grabadas con una silueta: mariposa, paloma, manzana, estrella, conejito, Snoopy o simplemente un tache. Tienen el tamaño de una aspirina. En los centros nocturnos corren ríos de este tipo de pastillas, aunque el éxtasis puede encontrarse también en cápsulas o polvo cristalino que se disuelve.

—¿Y dices que es una de las drogas más populares ahora?

—Sí. Porque produce sensación de amor y felicidad. La persona se siente cariñosa, perdonadora, conciliadora, deseosa de hacer amistad con todos. Quiere abrazar y acariciar a los demás, pero sin deseo sexual. Al consumidor de éxtasis la vida le parece hermosa. La música le suena con sonidos profundos desde su interior, le sobreviene gran energía y deseos de bailar toda la noche unido a la gente que ama, se le quita el hambre, la sed y el cansancio. Por otro lado aumenta su autoestima, el deseo de hablar "con el corazón" y su romanticismo. Por eso el éxtasis es tan buscado. ¿Quién no desearía vivir en un mundo de amor y felicidad, con energía para bailar y reír por horas? Al éxtasis se le llama la *disco-droga, club-drug, o dance-drug.*

—¡Oh! Así como me lo platicas —comento—, suena muy divertido tomar una de esas pastillas.

—No digas tonterías, Felipe. El éxtasis o MDMA es una sustancia vasoconstrictora que eleva la presión arterial, el pulso y la temperatura del cuerpo; produce un efecto llamado *choque térmico*: el cerebro se inflama por el calor y con frecuencia ocasiona convulsiones y colapso por hipertermia. Bajo el efecto del éxtasis es común tener alucinaciones, sentir tristeza, delirios de persecución y pánico. Los siguientes cinco días después de tomar esta droga se siente un estado de nerviosismo, agotamiento, pesimismo, irritabilidad, depresión, y actitud negativa. Muchos jóvenes describen el espacio entre el lunes y el jueves como un "infierno", sólo aliviado por la idea de volver a tomar éxtasis el fin de semana. En altas dosis, impide el flujo de sangre hacia el cerebro, por lo que es común que cause parálisis permanente en la mitad del cuerpo, demencia, mal de Parkinson y daño mental.

—¿Hay jóvenes que mueren por causa del éxtasis?

—Claro. ¿Recuerdas el juego suicida en el que se coloca una sola bala en un revólver, para después dispararse a la cabeza con la esperanza de que no salga la bala? Se llama *ruleta rusa*. Algo así se juega al tomar éxtasis. El problema más grave de esta droga, es que el éxtasis verdadero, MDMA o metilendioximetanfetamina es caro, hoy en día las pastillas vienen mezcladas con otras drogas más baratas como ketamina, o con el MDA, la "madre" del éxtasis, que es más burda y venenosa, o con MDEA o *Eva* que produce mayores efectos alucinantes y es más tóxica. Sólo con un análisis químico es posible determinar las sustancias que hay en la pastilla. Incluso si se trata de verdadero éxtasis, la cantidad de MDMA varía desde cero hasta doscientos cincuenta miligramos en una grajea. Así, los efectos pueden no aparecer, o provocar la muerte. La pistola se dispara sobre tu cabeza en cualquier momento.

—Pues, viéndolo así —comento en tono intelectual—, basta con alejarse de ese tipo de sustancias. No jugar ruleta rusa y ¡eso es todo! Sólo los jóvenes de carácter débil o fracasados que se arriesgan a lo tonto se hacen drogadictos.

—Te equivocas, Felipe. Es fácil caer en el mundo de las drogas. Quien bebe alcohol con sus amigos todos los fines de semana está cayendo poco a poco. También corre graves riesgos la persona con insomnio que comienza a tomar medicamentos para dormir todas las noches; o quien, para estudiar muchas horas, toma Coca Cola con aspirinas o café cargado con taurina, o el que fuma, o el que acepta una pastilla para sentirse de mejor humor. La droga no es algo mitológico y lejano que le ocurre a otros... puede afectar a cualquiera. La mayoría de las drogas se inventaron en un laboratorio farmacéutico, y después fueron prohibidas por sus efectos secundarios. Algunas todavía se emplean como medicamentos en hospitales bajo control clínico. Otras son para uso veterinario.

Mi padre sale acompañado de su hermana. El director de la escuela los sigue. Todos tienen un gesto agotado y desmoralizado.

Papá abraza a la tía Beky. Ella agacha la cara y llora.

—¿Qué pasó? —pregunto.

—Nada —dice papá—. Pascual asegura que no tiene idea de dónde está Itzel.

—¿Entonces qué hacemos?

—El comandante nos sugirió que vayamos a descansar. Enviará a dos policías para que estén de guardia en nuestra casa. Debemos permanecer atentos al teléfono.

—¡No puede ser! —digo—. ¿Y mi prima va a pasar la noche quién sabe dónde?

—Felipe, comprende. Tu prima no anda por ahí con unos amigos. Alguien la secuestró. Las dos llamadas telefónicas que hizo indican lo mismo. Está encerrada en algún lugar de donde no la dejan salir.

El señor Santiago pregunta con su voz grave y circunspecta:

—¿Qué dijo exactamente Itzel cuando habló por teléfono?

—Dijo que había ido a investigar y que la habían raptado —comenta papá—, susurraba para que no la descubrieran. Luego me pidió ayuda. Eso fue todo.

—¿Su celular no registró el número de donde marcó?

—No. Era un número privado. De esos que se pagan, especiales para que no dejen rastro.

—En mi casa —dice tía Beky—, dejó una grabación. Casi me la sé de memoria. Dijo: "Mamá, me encerraron, no me dejan salir. Están fumando. ¡Son muy agresivos! Ayúdame. ¡No! ¿Por qué quiere golpearme? ¡Váyase! ¡Déjeme!". Eso es todo —la voz se le quiebra. Está a punto de soltarse a llorar de nuevo.

Santiago se queda pensando unos segundos, luego dice:

—Hay dos datos interesantes... Ella comentó que eran "muy agresivos", y también que "estaban fumando". Existe un tipo de drogadictos que fuman y son especialmente agresivos —hace una pausa para concluir—: los fumadores de *crack*.

—¡*Crack*! —repite mi tía Beky—. ¿Qué es eso?

—Rocas cristalinas producidas cuando se deja enfriar rápidamente la cocaína caliente mezclada con amoníaco. También se hace crack en forma de pasta lavando la cocaína con éter. Se puede decir que el *crack* es cocaína elevada a mayor potencia. Produce multiplicados todos sus efectos y es varias veces más adictiva.

—Entonces —pregunto—, ¿los fumadores de *crack*, primero son adictos a la cocaína?

—Sí.

Siento un leve mareo. No logro identificar si es por el agotamiento o por los recuerdos de un diálogo que me viene a la mente.

—Congeguí angescesia local. Ejo me ha ayugago.

Y después:

—¿No te parecía nerviosa y hasta un poco agresiva?

—Claro. ¡Te digo que primero me empujó para salir corriendo y luego me abofeteó! ¡Ella no es así! Dicen que tiene serios problemas familiares, pero eso no la justifica...

—¡Esperen! —digo con voz muy alta—. ¡Ya sé dónde está mi prima!

23

CRACK

LA DROGA DE LA VIOLENCIA

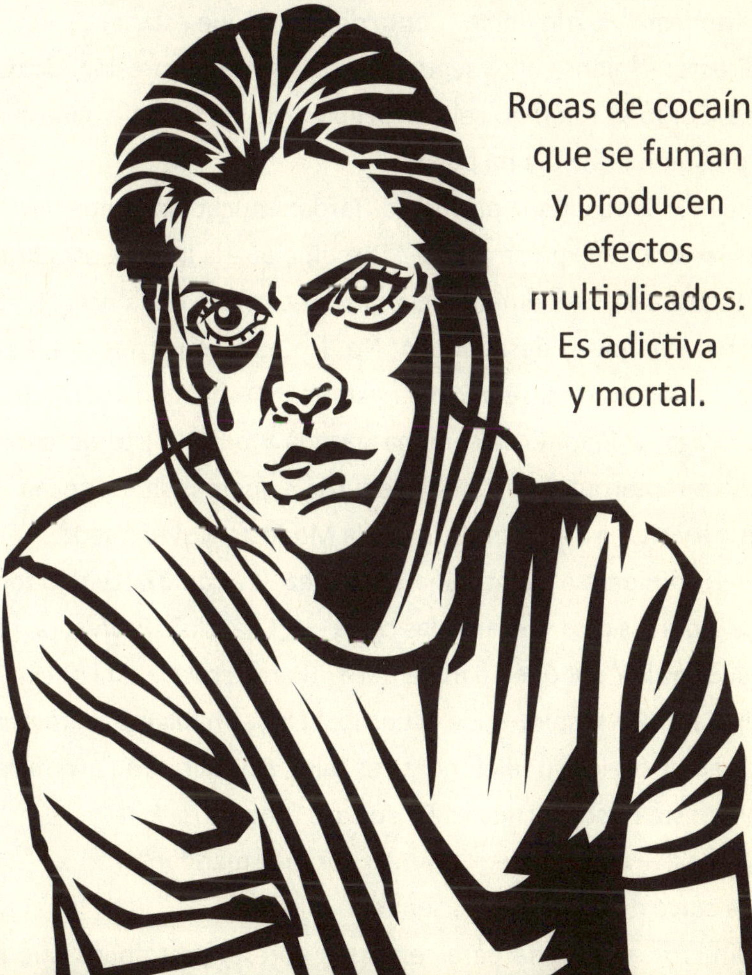

Rocas de cocaína
que se fuman
y producen
efectos
multiplicados.
Es adictiva
y mortal.

Todos me escuchan con atención mientras explico. Mi tía Beky y papá están ávidos de seguir otra pista. Sólo el director de la escuela se muestra irritado. Mira su reloj y protesta:

—No podemos irrumpir con la policía en la casa de otro alumno a las tres de la mañana.

—¿Y si Felipe tiene razón? —pregunta mi tía—, ¡tampoco podemos quedarnos con los brazos cruzados!

—Director —le digo—, ¡hable con la maestra de Biología! Ella atendió a Modesta y pudo darse cuenta de lo mal que estaba.

El director lo piensa unos segundos, pero se ve tan presionado que acepta. Como su teléfono celular, según dice, ya no tiene batería, le pide prestado el suyo a mi papá.

Marca el número de la profesora. Tardan mucho en contestar.

—¿Maestra? —expresa al fin—. Disculpe que la llame a esta hora, pero se trata de una emergencia. Soy el director de la escuela. Sí. Perdone. Una joven desapareció. No. No es alumna nuestra. Es la prima de Felipe Meneses. Sí. Ella estaba investigando sobre quién pudo drogar a Jennifer la semana pasada y por lo visto descubrió algo... La raptaron. Sí, estamos seguros. Tenemos la sospecha de que fue a visitar a una alumna llamada Modesta. Usted puede... —se detiene; comienza a asentir una y otra vez—. ¿Cómo? ¿Le dijo todo eso? —abre los ojos y levanta las cejas—. ¿Cuándo? ¡Profesora, eso es gravísimo! ¿Y por qué no me enteré? ¡Pero estuve en mi oficina al día siguiente! —suspira—, de acuerdo. El lunes hablamos. Gracias...

El director cuelga su teléfono y nos mira, sin salir de su asombro.

—Modesta es sospechosa... En su casa fuman *crack*.

—¡Cielos! —dice mi tía—. ¡Vamos por el comandante!

Papá corre de regreso a los separos.

El director aprovecha para sentarse; abre el portafolios que ha traído con él todo el tiempo y busca en el registro de alumnos los datos de Modesta.

A papá le cuesta mucho trabajo convencer al comandante de que vuelva a apoyarnos. Sólo acepta que dos policías nos acompañen.

Escoltados por una patrulla, emprendemos el camino al domicilio indicado por el director.

En el trayecto, pregunto:

—¿Mi prima corre peligro, señor Santiago?

—¿Perdón?

—¿Las personas que fuman *crack*, son peligrosas?

—Sí —contesta con preocupación—. En los lugares en donde el *crack* se pone de moda, hay crímenes y peleas.

—Oh, no —se queja mi tía—. ¿Y mi hija está encerrada con personas que fuman esa cosa? ¿Qué hace la gente cuando está bajo los efectos de la droga?

El señor Santiago maneja el auto y habla con voz alta.

—El efecto del *crack* se divide en tres etapas, señora Beky. Primera: euforia. La persona se siente optimista, se le quitan el hambre, la sed y el sueño; le sube la presión y el ritmo cardiaco. Segunda: angustia. De forma repentina, la persona se siente insegura y con miedo. Los efectos físicos se confunden y provocan que perciba como si le caminaran arañas por la piel. Entonces trata a toda costa de seguir fumando. Tercera: psicosis. La persona sigue consumiendo *crack* y le sobrevienen alucinaciones, nerviosismo extremo y deseos de pelear o matar.

—¡No, Dios!

—Pero lo que más me preocupa —sigue diciendo Santiago—, es que traten de obligar a Itzel a probar eso. Quien usa *crack* una sola vez puede quedar atrapado en adicción. El *crack* es la única droga del mundo que los animales de laboratorio escogen por encima de la comida hasta el punto de llegar a morirse de hambre. El adicto es capaz de robar, prostituirse, asesinar o hacer cualquier cosa con tal de conseguirla. Es una de las drogas más enajenantes que existen.

—¡Ya cállese! —dice mi padre con verdadero enfado—. ¡Sabemos que usted es experto, pero por lo visto también es imprudente! ¿Se da cuenta de la angustia que nos está causando?

—Perdón.

Llegamos a la zona residencial indicada. Reconozco las calles. Jordy el Zorrillo me llevó en su Beatle blanco a casa de Modesta para recogerla antes de pasar por Jennifer cuando fuimos a bailar. Les doy las indicaciones finales. Al fin damos con el domicilio. La casa es grande y lujosa.

Me quedo en el auto con mi tía y el director. Papá, Santiago y los oficiales se bajan para tocar la puerta. No hay respuesta. Caminan de un lado a otro, frente a la enorme barda. Oprimen el timbre varias veces. Se escuchan perros ladrando, pero nadie abre.

El director opina:

—Están dormidos. Jamás saldrán. Si alguien llegara a mi casa a esta hora, yo tampoco abriría.

—¿Quiere guardar silencio? —lo regaña mi tía.

Después de un rato, papá regresa al vehículo.

—Es inútil —nos dice.

Mi tía se baja del coche.

—Tenemos que insistir. Algo me dice que aquí está mi hija.

Golpea la puerta con mucha fuerza. Luego toca el timbre. Los perros en el interior siguen ladrando, pero no se percibe el menor movimiento humano.

De pronto, y sin que nadie se lo espere, uno de los policías grita:

—¡Hey! ¿Qué está haciendo? ¡Bájese de ahí!

El señor Santiago se ha subido a la marquesina y trata de escalar la enorme barda.

—Sólo voy a asomarme.

—Tenga cuidado —dice papá—. Arriba puede haber una cerca electrificada.

—Sólo hay alambre de púas. Desde aquí se ve.

Se estira y alcanza el filo del muro con ambas manos, luego moviéndose como levantador de pesas, alza su cuerpo y logra poner los codos en el borde. Se balancea para alzar una pierna y sube. Queda agazapado hasta arriba de la barda. Esquiva la cerca de alambres.

—¿Logra ver algo? —pregunta mi tía.

—Sí... ¡Acaban de apagar las luces de la casa! Estaban encendidas. ¡Saben que estamos aquí!

—Tenga cuidado.

—Voy a bajar al patio y les abriré la puerta.

—¡No haga eso! —ordena el policía.

Pero Santiago ya ha comenzado el movimiento descolgándose hacia el otro lado. Entonces oímos un fuerte estallido.

—¿Qué fue eso?

—¡Un disparo! —dice el policía.

Santiago queda como petrificado.

—¿Le dieron?

—No.

Se vuelve a oír otro balazo. Santiago trata de regresar hacia la zona exterior del muro, pero es demasiado tarde. Lo tienen en la mira. Emite un grito, exasperado, y salta hacia dentro de la casa. Lo perdemos de vista.

Sobreviene un tercer disparo.

—¡Santiago! —vocea mi papá—. ¿Está bien?

No contesta. Los perros ladran.

De inmediato, un policía corre de vuelta a la patrulla para hablar por radio. Informa de la situación y pide apoyo urgente. Ordena que subamos al carro y vayamos hasta la esquina. Nos movemos con rapidez. Papá conduce hasta el final de la calle y esperamos. A los pocos minutos comienzan a llegar patrullas y autos de la policía antinarcóticos.

Observamos la movilización silenciosa desde lejos. Sólo en las películas habíamos visto algo parecido. Estamos impresionados.

—¿No es peligroso estar aquí? —pregunta el director—. Podría haber una balacera.

—Sí —concede mi padre—, tiene razón.

Echa en reversa el coche de modo que quedamos protegidos por las construcciones; pero perdemos toda visibilidad.

Los minutos pasan. Parecen eternos. Oímos algunos gritos de policías y órdenes que no podemos entender. Luego tronidos. No sabemos si han derribado la puerta o están golpeando algo. Más gritos y después silencio.

Entonces comienza la parte más larga de la espera. Durante casi media hora no escuchamos nada. Papá arranca y avanza muy despacio hacia la calle. Las patrullas están ahí, con las torretas encendidas. También ha llegado una ambulancia. La casa se encuentra abierta de par en par. Varios policías, en posición de alerta, hacen guardia. Entonces mi tía Beky abre la portezuela del carro y camina hacia ellos. Los oficiales levantan sus armas. Ella alza las manos. Sigue acercándose.

—¡Soy yo! Beky Meneses. ¿Encontraron a mi hija?

La dejan pasar.

Mi padre estaciona el auto, lo apaga y sale también con las manos arriba para ir tras su hermana. No necesito que me digan que debo permanecer en el vehículo con el director.

Después de un rato vemos cómo salen de la casa varios oficiales deteniendo a dos personas que vienen esposadas.

Las obligan a subir a la patrulla.

Detrás de ellas aparecen mi tía Beky y papá abrazando a alguien.

Salgo del auto y echo a correr.

Es mi prima.

—¡Itzel! —grito.

Llego hasta ella. Tiene la cara manchada de sangre y un enorme parche blanco que acaban de colocarle en la frente. Camina con dificultad. Le han puesto una cobija encima como para protegerla del frío. Está despeinada y tiene los ojos muy rojos.

Me abraza, llorando.

—¡Felipe! —dice—. Gracias por buscarme. Tú les dijiste dónde podían encontrarme, ¿verdad?

—Sí, primita. ¿Qué te pasó? ¿Por qué estás aquí?

—Modesta lo hizo...

—Sí, sí. Tranquilízate...

—¿No me estás escuchando? ¡Ella lo hizo!

—¿Qué hizo?

—Mató a Jennifer.

24

EN PIE DE GUERRA

Estoy sentado en una banca de piedra mientras mis compañeros hacen los arreglos para rentar las barcazas. Necesitaremos al menos tres. Somos casi cuarenta estudiantes celebrando la culminación del ciclo escolar.

Jordy el Zorrillo se acerca a mí y dice:

—¡Mira, Felipe! Esa lancha se llama *Jenny*. ¿Quieres ir en ella? Como homenaje a nuestra compañera.

Digo que sí. Jennifer estaría celebrando también la culminación de su primer año de bachillerato, si no hubiera ido conmigo a ese lugar. Han pasado cuatro meses desde que murió. Ya casi nadie habla de ella, pero yo todavía me siento confuso y enojado. Pienso que el mundo es una porquería.

Mis padres me han llevado a varias sesiones con el psicólogo. Dicen que estoy en una especie de *shock* post traumático.

Mi prima, Itzel, también ha cambiado. Ya no anda corriendo de un lado a otro, ni trata de componer el mundo. Aunque quisiera, no puede. La golpiza que recibió en aquella casa le dejó secuelas que aún no logra superar. Cuando está haciendo sus ejercicios de rehabilitación platica el problema que casi le costó la vida, como si al decirlo una y otra vez pudiera borrarlo de su pasado.

> Ese día, decidí investigar por cuenta propia. Comencé a hacer llamadas. Primero le hablé al Cadáver. No contestó. Luego me comuniqué con Jordy.
>
> —Soy prima de Felipe —le dije al Zorrillo seductoramente—. Un día, te vi de lejos, en tu escuela y me pareciste muy guapo.
>
> Jordy cayó en la trampa. Comenzó a galantear. Me comentó que tenía rachas de buena suerte con las mujeres, pues incluso una de ella le había pagado por salir con él.
>
> —Sí —le contesté—, supe de eso. La niña que te dio dinero se llama Modesta, ¿verdad?

Entonces, Jordy me dijo la cantidad que recibió. Me quedé impactada. ¡Era el equivalente al sueldo mensual de un director!

—¿Modesta es millonaria? —le pregunté.

—No sé —contestó el Zorrillo—, pero me cayó muy mal aquella tarde en el centro nocturno. Se la pasó mirando a Felipe, como si estuviera enamorada de él. ¡Nunca me hizo caso a mí! Entonces me di cuenta de que debía conocer a Modesta. Había mucha información extraña respecto a ella. Platiqué un rato más con Jordy de temas tontos.

Después marqué el teléfono de Modesta. Nadie contestó. Vi que en el directorio escolar de Felipe estaba la dirección de esa chica, así que me animé a visitarla. Nunca debí hacerlo sola. Le llevé un pequeño regalito. Ella me abrió la puerta.

—Soy prima de Felipe —le dije—, tu compañero de salón. Él me comentó que te ha visto triste. Felipe está preocupado por ti. Es tímido y no sabe cómo ayudarte. Por eso vine. Yo puedo ser tu amiga.

Modesta me dejó entrar a su casa. Seguía muy enferma por la infección que le produjo el *piercing* en la lengua. Casi no podía hablar, así que trajo un cuaderno y escribió sus respuestas durante la conversación. Me senté con ella en la sala. No parecía haber nadie más en esa casa.

—Felipe me platica de ti —le dije—, él te quiere mucho.

Usé esa estrategia tratando de obtener información. Nunca me imaginé que con ella abría una cloaca de rencores y sentimientos putrefactos. Modesta escribió en su cuaderno:

¿Felipe te pidió que me lo dijeras?

—No. Él jamás haría eso, pero lo veo sufrir por ti. Le preocupa que faltes a clases.

Volvío a escribir.

Entonces, ¿me quiere?

—¡Claro! —respondí—, eres su compañera favorita.

¿Y por qué nunca me lo ha dicho? Yo también lo quiero.

—¿De veras? —el juego estaba logrando su propósito—, pues por lo que veo, aquí va a haber un romance.

Cerda, embustera.

—¿Perdón?

Felipe amaba a Jennifer. Esa chava era una resbalosa. Le gustaba llamar la atención. Igual que a mi madre. Felipe jamás se fijó en mí.

—E... este... A mi primo le caes muy bien. Me lo ha dicho varias veces.

Entonces ¿por qué no me invitó a bailar a mí? Si lo hubiera hecho, yo jamás

Modesta dejó de escribir. Se veía muy energizada y abierta. Como si estuviese bajo el efecto de algún estimulante. Me sentí nerviosa. No lo pude ocultar. Traté de cambiar el tema.

—¿Tu... tu mamá es bailarina?

Mi madre le puso los cuernos a papá. Hizo que se largara. Luego ella se juntó con otros hombres. El último es malo. Por suerte anda de viaje.

—¿Y tu mami? ¿Ya no baila?

Modesta volvió a escribir.

Mi madre es una perra.

—No digas eso, Modesta.

Me está enseñando a fumar.

En ese momento apareció una mujer desaliñada y sucia. Estaba drogada. Llegó por un costado de forma imprevista. No me di cuenta. Arrebató el cuaderno y gritó:

—¿Quién eres? ¿Qué están escribiendo?

—Disculpe, señora. Yo ya me iba.

Me puse de pie y traté de ir hacia a la puerta. La mujer me obstruyó el paso. Entonces corrí al interior de la casa. Fue un error. Entré a un cuarto que tenía cajas con frascos de GHB y pacas de cocaína. Me di cuenta de inmediato. Quise ocultarme, pero lo hice mal. Pensé que las había despistado y cuando asomé la cabeza, vi cómo una enorme pala de metal se estampaba en mi frente. Me desmayé.

Cuando volví en mí, tenía una cadena y un candado sujetándome la pierna derecha. Al fondo de la habitación, junto a varios bultos de ropa vieja, Modesta fumaba en una pipa de porcelana. Me puse de pie muy despacio. En la mesa cercana, estaba mi celular. Apenas logré alcanzarlo. Traté de hacer unas llamadas con voz muy baja. Modesta me vio. Escondí el aparato.

—Jola —me dijo—, ¿ya gespedtaste?

—Sí, Modesta. Déjame ir.

—Gescubriste mi pojo de miejda. Sabes que mi papá venjde ejsto y que nosocras lo ujsamos. Si sales se lo girás a la pogicía...

—No —respondí—. ¡Te lo prometo! Déjame ir, y guardaré

el secreto toda mi vida.

Uno de los bultos de ropa vieja comenzó a moverse. Era la madre de Modesta. Se puso de pie apoyándose en la pala y caminó hacia mí. Tenía un rostro horrible. Comenzó a gritarme. Me preguntó por qué me había metido donde nadie me llamó, me dijo que su esposo llegaría al día siguiente y él decidiría qué hacer conmigo. De seguro me mataría. Quise suplicar y comenzó a pegarme sin piedad con la pala. Entonces tomé mi teléfono y marqué de nuevo. Pude dejar un recado antes de que me lo arrebatara. Siguió golpeándome una y otra vez hasta que me hizo perder el conocimiento.

Es increíble que años atrás, esa mujer haya sido una hermosa bailarina de *jazz*. Comenzó a consumir anfetaminas para adelgazar, probó cosas más fuertes, destruyó su matrimonio y acabó viviendo con el distribuidor de la droga.

Modesta le puso varios frascos de GHB a la bebida de Jennifer, porque odiaba a su madre. Modesta odiaba a todas las bailarinas. En especial si eran hermosas.

—¡Felipe! —escucho que me llaman—, apúrate o nos iremos sin ti.

Todos acaban de subir a las barcazas para iniciar el paseo por los canales. Me levanto despacio.

Recuerdo que cuando era niño veníamos a este sitio cada vez que llegaba alguna visita a la casa. Todo el trayecto en los canales escuchábamos música de marimbas, mariachis y jaraneros. Era un recorrido típico de mi ciudad. Algo de lo que siempre me sentí orgulloso. Ahora, como todo alrededor, ha perdido su magia.

Camino hasta la lancha que se llama Jenny. Tomo asiento y observo.

Mis compañeros colocan botanas, sándwiches y refrescos sobre la mesa central. Iniciamos el recorrido. Casi de inmediato se acerca a nosotros un grupo folclórico que entona canciones de amor y desamor. Los más desinhibidos comienzan a cantar. Después, todos secundamos la tonada. Algunos bailan en los extremos de las barcas.

Hace calor. Los vendedores en canoas nos ofrecen toda clase de alimentos y bebidas. A uno de mis amigos se le ocurre comprar una cubeta de cervezas bien frías. Recibe muchos aplausos. Las latas y botellas empiezan a circular por todo el grupo. Pero no son suficientes. Aparecen billetes. En cuestión de minutos las mesas se encuentran adornadas con cubetas de cervezas que van de mano en mano.

Como es mi costumbre, yo sólo las paso. No me quedo con ninguna.

—¡Felipe se está haciendo el gracioso y no quiere celebrar! —dice un amigo.

—Hoy es un día especial —dice otro—, Felipe. Acompáñanos con una cerveza. No te va a pasar nada...

Sonrío con tristeza. Me siento muy apesadumbrado. ¿Por qué tengo que seguir luchando? Lo que pasó en mi escuela fue una situación extrema, fuera de lo común. Mis amigos y familiares saben convivir con las drogas sin dejarse atrapar por ellas. Estoy cansado de tener miedo. Cansado de llorar por las noches recordando aquello de lo que no tuve la culpa. Cansado de ser anormal. Cuando estoy frente al espejo no veo más que a un inadaptado.

—No seas tonto, Felipe. El mundo no es negro o blanco. También existen diversos tonos de gris. Toma un poco. ¿Qué te puede pasar? ¡Todos lo hacemos!

Acepto. Ya no aguanto más. Voy a emborracharme como nunca. Necesito saber lo que se siente. Ser como los demás.

El sabor de la cerveza me parece amargo. Desagradable. No entiendo por qué les gusta tanto.

—Para que te acostumbres —me explican—, comienza tomando esta lata. Ponle limón y sal.

Así sabe mucho mejor. Después de un rato, descubro que es un líquido fresco y reconfortante. Ya no me siento tan triste. Pido más. Disfruto el ambiente festivo; las risas, la música y el baile. Pronto, todos nos movemos a un mismo ritmo haciendo que la barcaza se menee sobre el agua. Después, comenzamos a brincar de una lancha a otra para aumentar la diversión y compartir el momento con el resto de nuestros amigos. ¡Ésta es nuestra fiesta de fin de año escolar! Hay que disfrutarla.

El tiempo transcurre con rapidez. Los vendedores de alcohol nos acompañan a lo largo de todo el recorrido. Sólo se alejan para abastecer su cargamento y regresan.

Estoy muy mareado. Casi no puedo caminar. Una de mis compañeras se siente tan mal que saca la cabeza por entre las vigas del respaldo y sin ningún recato comienza a vomitar.

Todo me da vueltas. Recuerdo cuando venía con mis padres a estas chinampas. Esto no se parece nada a aquellos paseos familiares. Es un bar flotante.

Camino dando tumbos por mi lancha con intenciones de pasarme a la otra, pero al dar el salto, tropiezo.

Entonces caigo al canal. Veo mi movimiento en el aire como en cámara lenta. Mi cuerpo entra al agua fría en medio de dos barcazas. Me estremezco. Reacciono cual si hubiera sido despertado de un horrible letargo. Sin poder controlar la caída me sumerjo en la helada oscuridad de aquel líquido sucio. Siento las algas enredarse por mi cuerpo. Asustado, trato de salir a flote, pero choco con las plataformas de las enormes barcazas de madera. Abro los ojos en el agua; hay cero visibilidad. Me desespero. Con movimientos bruscos y enloquecidos trato de alcanzar la superficie. Mis brazos y cabeza chocan de nuevo con las plataformas. El aire se me agota. Sin poder soportarlo más, mi boca se abre y aspiro el agua de los canales. Comienzo a toser. Inhalo otra vez. Trago más agua. La sensación de ahogamiento va más allá de la angustia. Es indescriptible. Un pánico enloquecedor. Quiero gritar y mi voz se sofoca.

De pronto, la zozobra se va. El terror se desvanece. Mi cuerpo se vuelve ligero y flota como un bebé que se mece en los brazos de su madre. Las escenas de mi vida pasan ante mis ojos como una película en alta velocidad. No hay más voces que el eco del agua resonando en mi cerebro. Ya no necesito el aire. Todo se detiene.

Una intensa luz emerge de lo profundo del canal e ilumina mi vista por completo.

Poco a poco, la silueta de una hermosa mujer comienza a acercarse hasta que puedo ver su rostro. Yo lo conozco. Lo he visto antes. ¿Cómo lo olvidé?

El ángel con el que pude hablar hace muchos años, cuando era niño... Pero también... ¡Dios mío! La reconozco a plenitud. ¡Es la misma mujer hermosa que tanta curiosidad me causó hace algunos meses!

—¡Hola! —la saludo—. ¿Por qué te pusiste el *piercing* en el ombligo?

—Quise que vieras el procedimiento para que no lo hicieras —contesta.

—¿Y por qué estabas en el hospital de rehabilitación?

—Siempre he estado cerca de ti. Orientándote. Auxiliándote.

—Santiago, el guardaespaldas experto en drogas que mandaste con nosotros, ¿quién era?

—Un amigo mío.

Ahora entiendo por qué no lo encontraron dentro de la casa de Modesta; creímos que había huido.

—El mundo es horrible —comento—. Todos los placeres giran alrededor de la droga.

—Te equivocas, Felipe. El mundo es hermoso. Los verdaderos gozos de la vida no tienen que ver con drogas.

—Mis amigos dicen que es tonto ser radical; que debo aprender a ser gris. ¿No crees que metas loables para los jóvenes hoy son tomar alcohol sin emborracharnos, fumar sin abusar del tabaco, bailar sin caer en libertinajes, vestirnos de forma original sin caer en depravación?

—¡No! —su respuesta es contundente—. ¿Quieres saber cuáles

son metas loables para un joven moderno? ¡Atreverse a ser distinto, pero no con *piercings*, tatuajes o disfraces, sino volviéndose enemigo absoluto de las drogas! ¡De todas! Incluyendo el alcohol y el cigarro. Lo que acabas de decirme es el cuento de muchos. No tiene nada de original. ¿Quieres ser especial? ¡Demuestra carácter! ¡Valor! ¡Inteligencia! La mayoría de los jóvenes ahora son cobardes y tibios. Eso es abominable. No se puede ser un poco bueno y un poco malo. ¡Y tú lo has sido! Felipe, has querido agradar a los demás y te traicionaste a ti mismo. No te faltó información. ¡La has tenido toda! Profesores, conferencias, libros, Internet... ¡Toda! Jamás podrás decir: "Dios mío, perdóname porque no sabía lo que hacía". ¡Sí lo sabías, y tuviste miedo de actuar! Fuiste un cobarde... te estás muriendo porque dejaste que entraran pequeñas bacterias en ti. Sólo se necesita abrir una puerta al mal para comenzar a contaminarse. Y el mal se disemina como peste. La droga es un virus silencioso que penetra en las heridas abiertas. Personas como tú, que se creen muy astutas, dicen que nunca les pasará nada y convierten esa idea en su frase favorita. Casi se ha vuelto el himno de la mediocridad: "No pasa nada... No pasa nada... No pasa nada...". Pues ya ves que sí pasa...

—¿Por qué me dices eso? Tú siempre me has hablado con amor.

—¡Porque te estás muriendo, y de una forma tonta! ¡Por culpa del alcohol! ¿Te das cuenta? Felipe, ¡perdiste! Un día se lo dije a tu prima en sueños y ella te lo comentó: los jóvenes de hoy están en medio de una guerra. Nadie les preguntó si querían participar, pero se encuentran en el campo de batalla. No pueden coquetear con el enemigo ni ir a sus terrenos, desprevenidos, con el absurdo argumento de que desean ser grises. El enemigo los acribillará. Tarde o temprano. En la guerra no hay puntos medios, Felipe. Los bandos son radicales. O defines a qué lado perteneces o mueres.

—Ayúdame. Ya entendí. Estamos en pie de guerra. ¡Te lo suplico! Sólo cometí un error.

—Cuando hay guerra, un error es suficiente para morir. No estás en un videojuego. ¡La vida real es implacable! Además, yo no soy nadie para darte otra oportunidad. No puedo hacerlo.

La imagen comienza a alejarse, me doy cuenta de que mi cuerpo flota en el canal de las chinampas. Puedo verlo.

Entre varios compañeros me sacan del agua y me ponen boca arriba sobre la plataforma de madera.

Le ruego a Dios con todas mis fuerzas que me deje vivir. He aprendido la lección.

—Dios mío —exclamo, atribulado—, perdóname por mi arrogancia. He sido necio. Dame la oportunidad de demostrarte que puedo ser un joven distinto. Me alejaré de las drogas para siempre. ¡De todas! Incluyendo el alcohol y el tabaco. Seré radical. No gris. ¡No tibio! Te lo prometo. A mis amigos que fuman o beben no los regañaré ni los juzgaré. Observarán que yo soy feliz sin alcohol o drogas. Sabrán, al verme, que existe otra opción. ¡Por favor, Dios mío! Voy a poner el ejemplo.

Comienzo a expulsar agua desde lo más profundo de mi ser. Siento convulsiones horribles. Toso una y otra vez. Me estalla la cabeza. El aire por fin entra a mis pulmones.

No alcanzo a identificar si lo que vi, escuché y dije cuando me estaba ahogando fue sólo un sueño, pero me ha quedado muy claro lo que soy y lo que creo. Y eso jamás cambiará...

GUÍAS DE ESTUDIO

GUÍAS DE ESTUDIO

La siguiente sección está diseñada para profundizar en los temas del libro mediante dinámicas personales y análisis hechos en grupos. Las guías conforman un CURSO SOBRE DROGADICCIÓN, a lo largo del cual se elaborará un fichero y un glosario. Es conveniente la coordinación de un profesor para organizar equipos de trabajos, comparar las respuestas, dar conclusiones y exigir formalidad en el proceso.

GUÍAS DE ESTUDIO

La siguiente sección está diseñada para profundizar en los temas del libro mediante dinámicas personales y análisis hechos en grupos. Las guías conforman un CURSO SOBRE DROGADICCIÓN, a lo largo del cual se elaborará un fichero y un glosario. Es conveniente la coordinación de un profesor para organizar equipos de trabajos, comparar las respuestas, dar conclusiones y exigir formalidad en el proceso.

CAPÍTULO 1. METANFETAMINAS

En el capítulo se narran dos acciones claves.

Felipe comparte su *locker* con Pascual. Susana es sorprendida por su padre con droga en su bolsa. Con base en ellas:

I. Contesta.

1. De tus emociones: ¿Por qué crees que una persona hace lo que otros le dicen, aun sospechando que puede ser peligroso?

2. De lo que has vivido: ¿Te has metido en problemas por ayudar a personas malintencionadas? Comparte tus experiencias.

3. De lo que leíste: ¿Cómo se consiguen y consumen las anfetaminas? ¿Por qué son peligrosas? ¿Qué efectos producen en el organismo?

II. Realiza el glosario.

Comienza tu glosario sobre drogas y escribe la definición de: anfetaminas, metanfetaminas, droga, tolerancia, dependencia física, dependencia psicológica, síndrome de abstinencia.

III. METANFETAMINAS:

Investiga en libros e Internet. Después escribe en una ficha los siguientes datos:

a) Nombre científico de la droga. b) Sobrenombres. c) Presentación y formas de consumo. d) Historia. e) Efectos y daños que produce. f) Usos legales. g) Fotografías.

CAPÍTULO 2. ENEMIGO AL ACECHO

I. Contesta.

1. De tus emociones: ¿Te has visto envuelto alguna vez en una discusión, tratando de defenderte de alguien que te acusa falsamente? ¿Qué sentimientos tuviste?

2. De lo que has vivido: ¿Has tenido que testificar, acusando a alguien que te hace daño a ti, o a un amigo? ¿Qué has aprendido de ello? Discute las ventajas y desventajas de hacer algo así.

3. De lo que leíste: ¿Por qué se dice que la droga es un enemigo que acecha?

II. Glosario

Agrega a la lista la definición de: narcotraficante, "cortar la borrachera".

III. Investiga.

Busca en el Código Penal o en la legislación vigente de tu país cuáles son las cantidades de diferentes drogas que está permitido poseer para consumo personal, y las cantidades consideradas como narcotráfico. También escribe las penas de cárcel y multas establecidas por posesión y venta de droga.

CAPÍTULO 3. *POPPERS*

Jennifer cambia de personalidad. Jordy soborna al mesero para que le de alcohol a todos en una tardeada.

I. Contesta.

1. De tus emociones: ¿Qué hace a una persona cambiar su personalidad en diferentes circunstancias? ¿Qué piensas de quienes hacen uso de drogas para ser más "sociables" o "sensuales"?

2. De lo que has vivido: ¿Has sido testigo de cuando alguien da sobornos para obtener algo? Da algún ejemplo y la experiencia que has obtenido de ello.

3. De lo que leíste: ¿Cuál es la diferencia entre el "oro líquido" y el "éxtasis líquido"?

4. Testimonio: ¿Vas a centros nocturnos? ¿En qué circunstancias y con qué frecuencia? ¿Qué riesgos has notado en un centro nocturno? Comparte un caso que conozcas de alguien que tuvo contacto con la droga en un centro nocturno.

II. Glosario

Define: *piercing*, deprimir, *popper*, *sex shop*, ácido, "viaje", paranoico.

III. NITRITOS DE ALQUILO O *POPPERS*:

a) Nombre científico de la droga. b) Sobrenombres. c) Presentación y formas de consumo. d) Historia e) Efectos y daños que produce. f) Usos legales. g) Fotografías.

CAPÍTULO 4. GHB

Felipe se relaciona amorosamente con Jennifer sin conocerla bien. Felipe ocultó a sus padres y a su tía lo que había pasado en la escuela para conseguir el permiso de llevar a Jennifer al centro nocturno.

I. Contesta.

1. De tus emociones: ¿Te has enamorado de alguien a quien no conoces bien? ¿Qué te sucede cuando te das cuenta que esa persona no es como creías?

2. De lo que has vivido: ¿Alguna vez has mentido u ocultado información para obtener un permiso? ¿Qué resultado has tenido?

3. *De lo que leíste*: ¿Por qué, a veces, se pone GHB a las bebidas de otros sin que se den cuenta? ¿Cómo puedes distinguir a una persona que ha consumido GHB?

4. Testimonio: Mediante lluvia de ideas elaboren una lista de recomendaciones que atender al asistir a un centro nocturno para evitar caer en una trampa.

II. Glosario

Define: convulsión, moda, éxtasis líquido, resaca, sobredosis, coma, tutor.

III. Ficha del GHB

a) Nombre científico de la droga. b) Sobrenombres. c) Presentación y formas de consumo. d) Historia. e) Efectos y daños que produce. f) Usos legales. g) Fotografías.

IV. Investiga.

En el libro de *Juventud en Éxtasis 2* investiga las enfermedades del noviazgo.

CAPÍTULO 5. ROHIPNOL

Felipe corre el riesgo de ser culpado de lo ocurrido a Jennifer. La tía Beky se angustia porque es responsable de la integridad de las niñas del orfanato.

I. Contesta.

1. De tus emociones: ¿Qué tan culpables crees que son los padres de las acciones de sus hijos?

2. De lo que has vivido: ¿Has tenido que pagar por algo de lo que no eres responsable? ¿Qué has hecho para defenderte?

3. De lo que leíste: ¿Cuál es la diferencia entre amnesia anterógrada y retrógrada? ¿Por qué el rohipnol es tan peligroso?

4. Testimonio: Escribe una historia real o inventada de alguien que haya tenido amnesia por haber tomado una sustancia o tenido un accidente.

II. Glosario

Define: medicina, infarto cerebral, *date rape*, amnesia, paro respiratorio.

III. ROHIPNOL:

a) Nombre científico de la droga. b) Sobrenombres. c) Presentación y formas de consumo. d) Historia. e) Efectos y daños que produce. f) Usos legales. g) Fotografías.

CAPÍTULO 6. *CANNABIS* (THC)

I. Contesta.

1. De tus emociones: ¿Qué pensarías si supieras que alguno de tus padres consume o consumió alguna droga? ¿Consideras que si un adulto te habla de los errores que cometió y te dice que está arrepentido de ellos, debes confiar en él y escucharlo? ¿Por qué?

2. De lo que has vivido: ¿Alguna vez te has relacionado con personas que te invitan a un club que parece peligroso? ¿Qué resultados has obtenido?

3. De lo que leíste: ¿Cuáles son las formas en que se fuma el cannabis?

4. Testimonio: Comparte el caso de alguien que haya cambiado su proyecto de vida por relacionarse con las personas equivocadas.

II. Glosario

Define: excitación, secuela, tóxico, síndrome amotivacional, extrovertido, fianza.

III. *CANNABIS* O THC:

a) Nombre científico de la droga. b) Sobrenombres. c) Presentación y formas de consumo. d) Historia e) Efectos y daños que produce. f) Usos legales. g) Fotografías.

IV. Investiga.

Algunos países en los que la marihuana es legal y las razones que exponen para ello.

CAPÍTULO 7. DMT

I. Contesta.

1. De tus emociones: ¿Qué pudo orillar a una persona como Itzel a dejarse dañar físicamente? Elabora una lista de las acciones que ella pudo haber realizado cuando estaba en la reunión con sus amigos para evitar ser quemada.

2. De lo que has vivido: ¿Las personas inteligentes como tú están exentas de caer en situaciones de peligro extremo? ¿Por qué? Narra algún ejemplo.

3. De lo que leíste: ¿Por qué se le llama el *explosivo mental* al DMT?

4. Testimonio: ¿Alguna de tus relaciones amorosas ha sido conflictiva? Comparte.

II. Glosario

Define: tatuaje, grotesco, paroxismo, angustia, epidemia, platónico.

III. DMT:

a) Nombre científico de la droga. b) Sobrenombres. c) Presentación y formas de consumo. d) Historia e) Efectos y daños que produce. f) Usos legales. g) Fotografías.

IV. Investiga.

En el libro *Juventud en éxtasis 2*: las características de un noviazgo constructivo.

CAPÍTULO 8. TABACO

Por haberse desnudado en la reunión, una muchacha quema a Itzel para desquitarse.

I. Contesta.

1. De tus emociones: Si en una reunión alguien te hace una broma incómoda o se burla de ti, ¿te sientes mejor si otros también sufren lo mismo? ¿Por qué?

2. De lo que has vivido: ¿Fumas o has sentido deseos de hacerlo? ¿Por qué?

3. De lo que leíste: ¿Quiénes son los fumadores pasivos? ¿Por qué el tabaco es considerado una droga?

4. Testimonio: ¿Qué motiva a un joven a iniciarse como fumador? ¿Si tú fumas, crees que vale la pena dejarlo? ¿Por qué?

II. Glosario

Define: tabaco, nicotina, alquitrán, neurona, alerta, relajado, cáncer, fétido, nocivo, enfisema, epidemiológico, cancerígeno.

III. TABACO:

a) Nombre científico de la droga. b) Sobrenombres. c) Presentación y formas de consumo. d) Historia. e) Efectos y daños que produce. f) Usos legales. g) Fotografías.

CAPÍTULO 9. KETAMINA

I. Contesta.

1. De tus emociones: ¿Crees que los padres deben apoyar a sus hijos, como lo hizo el papá de Pascual, aunque ello signifique poner en riesgo a otros? ¿Consideras que Pascual debería haber pasado más tiempo en la cárcel?

2. De lo que has vivido: ¿Te gustan los deportes o actividades extremos? ¿Qué sensación te producen? ¿Crees que tomar droga pueda producir una sensación similar? ¿Por qué?

3. De lo que leíste: ¿Cómo se llama a la unión de cocaína con ketamina, y qué efectos produce? ¿Por qué la ketamina es una de las drogas más peligrosas?

4. Testimonio: Comparte en grupo el caso de algún joven que haya perdido la vida por alguna razón que no sea enfermedad.

II. Glosario

Define: antiséptico, dolor, anestésico, masivo, disociativo, espejismo, aneurisma, esquizofrénico, psicótico.

III. KETAMINA:

a) Nombre científico de la droga. b) Sobrenombres. c) Presentación y formas de consumo. d) Historia e) Efectos y daños que produce. f) Usos legales. g) Fotografías.

CAPÍTULO 10. PEYOTE

I. Contesta.

1. De tus emociones: Las tiendas de esoterismo abundan. ¿Crees que alguien puede conocer tu pasado o adivinar el futuro?

2. De lo que has vivido: Si crees en Dios, ¿qué haces para estar cerca de Él? ¿Alguna vez te han leído las cartas, el café, etcétera?

3. De lo que leíste: ¿Por qué se le conoce como *la droga light* al peyote? ¿En qué se distinguen unos hongos de otros?

4. Testimonio: si conoces a alguien de una tribu urbana, comenta cómo es su vida cotidiana y la relación con su familia.

II. Glosario

Define: incienso, *new age*, tarot, horóscopo, esotérico, zombi, autóctono.

III. PEYOTE:

a) Nombre científico de la droga. b) Sobrenombres. c) Presentación y formas de consumo. d) Historia. e) Efectos y daños que produce. f) Usos legales. g) Fotografías.

CAPÍTULO 11. TIPOS DE DROGA

I. Contesta.

1. De tus emociones: ¿Por qué crees que los jóvenes se hacen perforaciones y tatuajes?

2. De lo que has vivido: ¿Tienes algún *piercing*? ¿Cómo te sientes al respecto? Si no es así, ¿has tenido deseos de hacértelo?

3. De lo que leíste: ¿Qué es un "bajón"? Describe el proceso que sigue un joven para engancharse con la droga. Memoriza la clasificación de las drogas.

4. Testimonio: Organiza un debate para discutir si el pertenecer a un grupo es una necesidad "creada" o "natural".

II. Glosario

Define: catéter, depresor, estimulante, trastornante, viaje, drogadicto, sobredosis, sinapsis neuronal.

IV. Investiga.

Instituciones públicas y privadas, así como teléfonos donde se pueda obtener información acerca de las drogas, prevención de adicciones y rehabilitación de adictos.

CAPÍTULO 12. SUSTANCIAS VOLÁTILES

I. Contesta.

1. *De tus emociones*: El problema de la drogadicción cada vez se presenta en edades más tempranas. ¿Qué factores crees que llevan a un niño hasta la droga?

2. *De lo que has vivido*: ¿Alguna vez has tenido contacto con solventes? ¿Cómo te parece su olor?

3. *De lo que leíste*: ¿Por qué ocurren tantos accidentes entre los consumidores de solventes?

4. *Testimonio*: Comparte con tus compañeros el caso de algún consumidor de solventes.

II. Glosario

Define: solvente, vagabundo, volátil, PVC, combustible, tiner, aguarrás, gasolina, cemento.

III. SUSTANCIAS VOLÁTILES:

a) Nombre científico de la droga. b) Sobrenombres. c) Presentación y formas de consumo. d) Historia. e) Efectos y daños que produce. f) Usos legales. g) Fotografías.

IV. Investiga.

¿Qué dice el código penal con respecto a la venta de solventes a menores de edad?

CAPÍTULO 13. PCP

El problema de Felipe afecta a toda su familia. Los padres recuerdan sus terribles vivencias del pasado.

I. Contesta.

1. *De tus emociones*: ¿Crees que somos producto del pasado o consideras que podemos cambiar nuestro destino?
2. *De lo que has vivido*: Cuando algún miembro de tu familia tiene un problema, ¿cómo actúan los demás? ¿Cómo podrían mejorar esto?
3. *De lo que leíste*: ¿Qué hace diferente al PCP en relación a las demás drogas estudiadas?
4. *Testimonio*: Comenta un caso de alguna persona que haya ayudado a sus padres a salir de un problema.

II. Glosario

Define: grafólogo, zozobra, arraigo, anestésico, adrenalina, molécula, corteza cerebral, insomnio, delirio, esquizofrenia.

III. PCP:

a) Nombre científico de la droga. b) Sobrenombres. c) Presentación y formas de consumo. d) Historia. e) Efectos y daños que produce. f) Usos legales. g) Fotografías.

CAPÍTULO 14. BARBITÚRICOS Y BENZODIACEPINAS

I. Contesta.

1. *De tus emociones*: ¿Qué puede llevar a una persona a pensar en el suicidio?
2. *De lo que has vivido*: La vida es muy frágil, en cualquier momento podemos perderla. ¿Qué haces tú para cuidarla y disfrutarla? ¿Has

tenido la pérdida de algún ser importante en tu vida? ¿Cómo te has sentido?

3. De lo que leíste: ¿Por qué los barbitúricos y benzodiacepinas son las drogas preferidas de los suicidas?

4. Testimonio: Comenta el caso de algún suicida y el dolor que causó en sus familiares.

II. Glosario

Define: suicida, rehabilitación, desintoxicación, barbitúrico, *delirium tremens*, Valium.

III. BARBITÚRICOS Y BENZODIACEPINAS:

a) Nombre científico de la droga. b) Sobrenombres. c) Presentación y formas de consumo. d) Historia. e) Efectos y daños que produce. f) Usos legales. g) Fotografías.

IV. Investiga.

¿Qué dice la legislación que controla la venta de barbitúricos y benzodiacepinas? ¿Cuáles son las estadísticas actuales de suicidio?

CAPÍTULO 15. EFEDRINA

I. Contesta.

1. De tus emociones: ¿Qué piensas de las personas que consumen efedrina para sentir energía?

2. De lo que has vivido: ¿Has estado en un gimnasio y te han ofrecido alguna sustancia para fortalecerte?

3. De lo que leíste: ¿Cuáles son los nombres naturistas con los que podemos encontrar la efedrina? ¿Por qué se le conoce como el *éxtasis herbal*?

4. Testimonio: Comenta el caso de algún producto naturista que dé fuerzas. Revisa sus componentes.

II. Glosario

Define: amputar, hierba, efedra, energía, *rave*, fisicoculturista, broncodilatador, vasoconstrictor, narcotraficante, libidinoso.

III. EFEDRINA:

a) Nombre científico de la droga. b) Sobrenombres. c) Presentación y formas de consumo. d) Historia. e) Efectos y daños que produce. f) Usos legales. g) Fotografías.

IV. Investiga.

¿Qué pena impone el Comité Olímpico a los deportistas que utilizan la efedrina? Pregunta a algunas personas que estén en tratamiento para adelgazar si conocen la fórmula química de los productos que consumen.

CAPÍTULO 16. COCAÍNA

I. Contesta.

1. De tus emociones: ¿Por qué se dice que los jóvenes viven una batalla contra las drogas?

2. De lo que has vivido: ¿Qué acciones puedes tomar para estar "en pie de guerra"?

3. De lo que leíste: ¿Cuáles son los riesgos de una perforación? ¿Cómo puedes identificar a una persona adicta a la cocaína?

4. Testimonio: Comparte el caso de una persona que haya sufrido alguna infección o contagio por causa de perforaciones.

II. Glosario

Define: infección, antibiótico, hemorragia, hepatitis B, C o D, sida, deglutir, absceso, quiste, tumor, cocaína, mucosa, euforia, cafeína, anorexia, irritabilidad, insomnio crónico, delirio de persecución, impotencia, esterilidad.

III. COCAÍNA:

a) Nombre científico de la droga. b) Sobrenombres. c) Presentación y formas de consumo. d) Historia. e) Efectos y daños que produce. f) Usos legales. g) Fotografías.

CAPÍTULO 17. LSD

I. Contesta.

1. De tus emociones: ¿Qué piensas de las personas que dan calcomanías o dulces con droga a los niños?

2. De lo que has vivido: ¿Cómo mantienen la unión y la fuerza en tu familia?

3. De lo que leíste: Menciona las tres características del LSD.

II. Glosario

Define: advenedizo, perturbar, enfurecido, amenazado, normal, locura temporal, sabiduría, filosofar, introspección.

III. LSD:

a) Nombre científico de la droga. b) Sobrenombres. c) Presentación y formas de consumo. d) Historia. e) Efectos y daños que produce. f) Usos legales. g) Fotografías.

CAPÍTULO 18. EL SUBSUELO DE LA DROGA

I. Contesta.

1. De tus emociones: Recordando la pintura *El subsuelo de la droga*, ¿qué piensas respecto al terreno en donde vives? ¿Tiene muchos hoyos?, ¿de qué profundidad?

2. De lo que has vivido: ¿Has visto a familiares o amigos meterse a hoyos cada vez más profundos? Relata.

3. De lo que leíste: ¿Por qué se dice que el conocimiento claro es un arma defensiva? Elabora un mapa conceptual con las cuatro clases de hoyos socialmente aceptados.

4. Testimonio: Narra un acontecimiento en el que hayas evitado caer en peligro gracias al miedo.

II. Glosario

Define: defensivo, infierno, alcohol, cigarro, energizante, dosis.

III. Ficha

Dibuja tu versión de la pintura descrita en el capítulo.

CAPÍTULO 19. NARCÓTICOS

I. Contesta.

1. *De tus emociones*: ¿Qué piensas de las personas que necesitan narcóticos para vivir? ¿Cómo crees que adquirieron esa adicción?

2. *De lo que has vivido*: ¿Has experimentado la sensación de relajamiento que producen algunas medicinas para el dolor? ¿Cómo puedes evitar el abuso de ellas?

3. *De lo que leíste*: ¿Cuál es el origen real del opio? ¿Por qué los narcóticos se usan tanto?

4. *Testimonio*: Comparte el caso de una persona que necesite tranquilizantes.

II. Glosario

Define: prostitución, amapola, trance, paraíso, parálisis, virus, bacteria, desánimo.

III. NARCÓTICOS:

a) Nombre científico de la droga. b) Sobrenombres. c) Presentación y formas de consumo. d) Historia. e) Efectos y daños que produce. f) Usos legales. g) Fotografías.

CAPÍTULO 20. ALCOHOL

I. Contesta.

1. *De tus emociones*: Técnicamente es igual estar borracho que drogado, ¿socialmente también es así? ¿Por qué? ¿Cómo te sientes ante una persona alcoholizada?

2. *De lo que has vivido*: ¿En las fiestas a las que acudes se consume alcohol? Narra tu experiencia.

3. *De lo que leíste*: ¿Qué preguntas hay que plantearse para saber si algo es una droga? ¿Qué dice la OMS acerca del alcohol? ¿Cómo se relacionan el alcohol y el sexo? ¿El alcohol afecta por igual a hombres y mujeres? ¿Por qué?

4. Testimonio: Comenta con tus compañeros el caso de alguna persona que beba demasiado y cómo ha afectado a su familia.

II. Glosario

Define: alcohol, equilibrio, fermentado, cultural, OMS, desinhibir, efervescente.

III. ALCOHOL:

a) Nombre científico de la droga. b) Sobrenombres. c) Presentación y formas de consumo. d) Historia. e) Efectos y daños que produce. f) Usos legales. g) Fotografías.

IV. Investiga.

Acompañado de un adulto acude a un centro de atención a alcohólicos y comenta tu experiencia.

CAPÍTULO 21. ÉTER EN EL HIELO

I. Contesta.

1. De tus emociones: ¿Qué piensas de los negocios que adulteran las bebidas?

2. De lo que has vivido: ¿Puedes distinguir entre una bebida original y una adulterada? ¿Te gusta aprovechar las ofertas como "barras libres"? ¿Qué peligros corres?

3. De lo que leíste: ¿Cuál es la finalidad de poner éter en el hielo?

4. Testimonio: Comenta el caso de alguna persona que haya bebido alcohol adulterado.

II. Glosario

Define: sarcasmo, extravagante, *hot topics*, adulterar, clausura, éter, Semefo, barra libre.

III. ÉTER:

a) Nombre científico de la droga. b) Sobrenombres. c) Presentación y formas de consumo. d) Historia. e) Efectos y daños que produce. f) Usos legales. g) Fotografías.

CAPÍTULO 22. ÉXTASIS

I. Contesta.

1. *De tus emociones*: ¿Qué piensas de los centros nocturnos? ¿Los conoces?

2. *De lo que has vivido*: ¿Te han ofrecido "tachas"? ¿En dónde circula ese tipo de droga con abundancia?

3. *De lo que leíste*: ¿Por qué el éxtasis verdadero se mezcla con otras drogas? ¿Por qué se dice que consumir éxtasis es como jugar a la ruleta rusa?

4. *Testimonio*: Comparte alguna experiencia en la que te hayan ofrecido algún tipo de droga. Comenten sobre alguna persona que sea consumidora de tachas.

II. Glosario

Define: intimidante, rutinario, usanza, conciliador, vasoconstrictor, choque térmico, colapso, demencia, mal de Parkinson.

III. ÉXTASIS:

a) Nombre científico de la droga. b) Sobrenombres. c) Presentación y formas de consumo. d) Historia. e) Efectos y daños que produce. f) Usos legales. g) Fotografías.

CAPÍTULO 23. *CRACK*

I. Contesta.

1. *De tus emociones*: ¿Cómo crees que se relacionan la droga y la delincuencia?

2. *De lo que has vivido*: ¿Has tratado de investigar alguna vez a una persona que crees que está metida en drogas o problemas? ¿Cuáles son los riesgos?

3. *De lo que leíste*: Menciona en qué consisten las tres etapas del efecto del *crack*. ¿Cómo son los lugares en los que se consume *crack*?

II. Glosario

Define: ávido, euforia, optimista, enajenante.

III. *CRACK:*
a) Nombre científico de la droga. b) Sobrenombres. c) Presentación y formas de consumo. d) Historia. e) Efectos y daños que produce. f) Usos legales. g) Fotografías

CAPÍTULO 24. EN PIE DE GUERRA

I. Contesta.

1. De tus emociones: Modesta recibió ejemplos malos. ¿Qué debió hacer ella para evitar caer en el hoyo tan profundo en el que terminó?

2. De lo que has vivido: Después de sufrir una decepción grave como les ocurrió a Felipe y a Itzel, ¿has sentido depresión y ganas de portarte mal? ¿Qué has aprendido de esto?

3. De lo que leíste: ¿Cuál es el verdadero reto de los jóvenes de hoy?

4. Testimonio: Si has tenido alguna experiencia de cambio a lo largo del curso, coméntala.

II. Glosario:

Define: *shock* postraumático, cloaca, energizado, disfuncional, mitológico, fracaso, sucumbir, desinhibido, apesadumbrado, reconfortante, letargo, ángel.

III. Fichero final

Elabora en una caja tu fichero con la información que has recopilado en el curso.

IV. Conclusión

Elabora y firma en una hoja los compromisos que estás dispuesto a hacer en tu vida para ponerte "en pie de guerra".

BIBLIOGRAFÍA Y LIBROS RECOMENDADOS

Álvarez del Real, María Eloísa y Doris Amaya. *Sepa todo sobre adicciones*. Panamá, Editorial América, 1991.

Bartimole, Carmella R. y John E. Bartimole. *¿Drogas? No, gracias*. Barcelona, Ediciones B, 1997.

Coleman, Vernon. *Adictos y adicciones*. México, Grijalbo, 1988.

Hostetler, Jep. *10 Cosas que los padres deben saber acerca del abuso de drogas y alcohol*. México, Panorama, 1993.

Massun, Edith. *Prevención del uso indebido de drogas*. México, Trillas, 1991.

Modell, Walter y Afmed Lansing. *Drogas*. México, Time Life Intenational, 1981.

Naik, Anita. *Drogas*. México, Diana, 1997.

Palacios, Felix Ángel, José Carlos Fuentes y José Cabrera. *Las drogas: tópicos, luces y sombras*. Madrid, Debate, 2001.

Rico, F. Gerardo y Luis Guillermo Ortiz. *Tabaquismo. Su repercusión en aparatos y sistemas*. México, Trillas, 1990.

Stoppard, Miriam. *Qué son las drogas*. Buenos Aires, Javier Vergara Editor, 1999.

Zamora Espinoza, José Sergio. *Reflexiona: tú puedes prevenir la farmacodependencia*. México, Limusa, 1991.

Este libro se imprimió en marzo de 2019
en los talleres de Litográfica Ingramex, S.A. de C.V.
Centeno 162-1, Col. Granjas Esmeralda, Ciudad de México
C.P. 09810
ESD 1e-75-5-1-M-5-03-19